ダメなコーチにならないための33の教え

やってはいけないコーチング！

スポーツメンタルトレーナー
高畑好秀 著

体育とスポーツ出版社

はじめに

コーチにとって大切な事柄の一つに「チームの目標を決める」ということがあります。半年、1年、2年、3年など、どれだけの期間でその目標を達成しようと考えているのかを選手に示します。

次に、その最終目標をクリアするために必要な短期の目標を1か月、3週間、2週間、1週間などのように期間を短くして決め、「目下のチームの目標」として掲げます。この目標は、プレーのなかでどのようなことができたら達成されたといえるのかなど、より具体的に示して選手に理解してもらいます。

チームの大きな目標と目下の目標を示したら、さらに選手に対して、それぞれがその日ごとの個々の目標をもつように促します。それは筋力アップでも大きな声をだすことでも何でもよく、選手がチームの目標に向かって一つにまとまろうとするなかで、各々が自分のどの部分の能力を磨こうとするかを考えさせ、意識をもたせます。

いったんチームの目標を掲げ、選手もそれに納得したならば、あとは徹底あるのみです。しかし、コーチとて人間ですから、あるときは目標がブレたり、「これはやらないほうがいい」と思われる行動をしたりします。それを続けると、選手に何らかのネガティブな感情を起こさせ、チームづくりに支障をきたすこともあります。

この本では、それらを〝やってはいけない!〟コーチングとしてピックアップし、「それをやるとどうなるのか」→「なぜ、やらないほうがいいのか?」→「それをどのように改めたらいいのか」という流れで、具体例を交えながらレクチャーしています。

コーチの仕事は選手を指導し、育てることだといわれますが、何かを教えて選手がそのとおりにできるようになることは、じつはそれほど難しいことではありません。しかし、つねに「どうしてそうなるのだろう」と考え、それをもとに自分から行動できるようなレベルにまでもっていくことは、想像以上に大変です。

そのために何よりも必要なことは、選手のモチベーションをつねによい状態に保つということです。なぜなら、「よし、やってやろう」と思えれば、人は自然に考え、自ら動きだすことができるからです。

この本が、それを実現するきっかけになることを心から願っています。

やってはいけない！コーチング

Contents

◎はじめに……2

第1章　選手と接する

LESSON 1
優柔不断な態度を選手に見せてはいけない……18
↓自分に自信がもてずにあいまいな指導をしてしまう
?「優柔不断な態度を選手に見せる」となぜダメなのか？
!明確なビジョンを打ちだし、ありのままの自分を表現する

LESSON 2
力のある選手だけをひいきしてはいけない……22
↓結果をだしたいがために、力のある選手ばかり指導する
?「力のある選手だけをひいきする」となぜダメなのか？
!力のない選手それぞれに適切な指導を心がける

LESSON 6
難しい専門知識をひけらかしてはいけない……38
⬇ 選手の理解力を考慮せず、知識の受け売りをする
? 「難しい専門知識をひけらかす」となぜダメなのか？
! 選手に「難しい」と感じさせないように工夫して説明する

LESSON 7
試合の結果だけを見て一喜一憂してはいけない……42
⬇ 勝敗だけを重視して、内容についてはおざなりにする
? 「試合の結果だけを見て一喜一憂する」となぜダメなのか？
! 結果だけでなく、選手の成長過程や試合内容を重視する

LESSON 8
ほめれば選手が成長すると考えてはいけない……46
⬇ ほめることが選手を伸ばすことだと勘違いしている
? 「ほめれば選手が成長すると考える」となぜダメなのか？
! 選手にとっていちばん効果的なタイミングでほめる

第2章　選手を評価する

LESSON 14
プレーの実力だけで選手を評価してはいけない……72
⬇プレー以外に、選手にとって必要なものを見ようとしない
?「プレーの実力だけで選手を評価する」となぜダメなのか?
!プレー以外の行動を見て、選手の実力を総合的に判断する

LESSON 15
選手の現在の実力だけで評価してはいけない……76
⬇いま力のある選手しか戦力として評価できない
?「選手の現在の実力だけで評価する」となぜダメなのか?
!選手の"伸びしろ"の部分まで含めて評価する

LESSON 16
評価基準をあいまいにしてはいけない……80
⬇チームの目標を見失ってしまい、指導があやふやになる
?「評価基準をあいまいにする」となぜダメなのか?
!つねに目標を確認し、評価がブレないよう基準を少なくする

LESSON 17
レギュラー選出の基準をあいまいにしてはいけない …… 84
↓ 選出の基準に自信がないため、説明責任を回避する
? 「レギュラー選出の基準をあいまいにする」となぜダメなのか？
! 選手たちが納得できるよう、選出の理由を丁寧に説明する

LESSON 18
現状のマイナス要素をぼやいてはいけない …… 88
↓ 自分がもつマイナスイメージを選手に植えつけてしまう
? 「現状のマイナス要素をぼやく」となぜダメなのか？
! 現状を踏まえつつ、”将来“の希望について語る

◉ Column2　チーム力を高める練習メニュー・その2　共通項は何だ！ …… 92

ったくなんてザマだ
何の進歩も
みえない
チームだな
教えるだけ
時間のムダか…

第3章　選手を指導する

LESSON 19
選手は自分に従うものと考えてはいけない……94
⬇選手の反応を見ずに自分の指導法を押しつける
?「選手は自分に従うものと考える」となぜダメなのか？
!コーチは選手の実力を引きだすための存在だと認識する

LESSON 20
「なぜできないのだ」と言ってはいけない……98
⬇選手が「どうせ自分は……」という後ろ向きの姿勢になる
?「『なぜできないのだ』と言う」となぜダメなのか？
!「できるはず」という前提に立って、すべてに積極的に取り組む

LESSON 21 「言い訳するな」を口グセにしてはいけない……102
⬇選手がミスしたときは謝るのが当然と思っている
?「『言い訳するな』を口グセにする」となぜダメなのか?
!選手の発言を聞いてから、その真意を受け止める

LESSON 22 一度に多くのことを指導してはいけない……106
⬇選手が混乱してしまい、教えられたことを吸収できない
?「一度に多くのことを指導する」となぜダメなのか?
!「どれか一つ」にポイントを絞って指導する

LESSON 23 ミスの分析を技術面からのみ行ってはいけない……110
⬇ミスの原因を探ろうとせず、反復練習で克服しようとする
?「ミスの分析を技術面からのみ行う」となぜダメなのか?
!状況や心理面を意識して、極力同じ状況設定で練習する

第4章　選手を活かす

LESSON 29
選手からでてくる要望に惑わされてはいけない …… 136
⬇ 選手の要望を必要以上に聞き入れて、混乱してしまう
? 「選手からでてくる要望に惑わされる」となぜダメなのか？
! 要望を受け入れるかどうかの基準をはっきりする

LESSON 30
キャプテン選びを安直にしてはいけない …… 140
⬇ コーチの都合だけで、安易にキャプテンを決めてしまう
? 「キャプテン選びを安直にする」となぜダメなのか？
! キャプテンとしての資質を備えているかどうかで選ぶ

LESSON 31
技術とメンタルのバランスを見誤ってはいけない …… 144
⬇ 技術の高い選手を集めても勝てるとは限らない
? 「技術とメンタルのバランスを見誤る」となぜダメなのか？
! 練習によって、技術とともにメンタルも強化する

LESSON 32 試合前にネガティブな言葉を使ってはいけない……148
⬇ 緊張状態にあるときは、マイナスの言葉に反応しやすい
? 「試合前にネガティブな言葉を使う」となぜダメなのか？
! 意識して「勝つ」「成功する」というポジティブな言葉を使う

LESSON 33 試合を前に落ち着きを失ってはいけない……152
⬇ 不安や迷いから、意味のない行動やムダなしぐさが多くなる
? 「試合を前に落ち着きを失う」となぜダメなのか？
! 使うと決めた選手を信用して、すべてを任せる

◉ Column4　チーム力を高める練習メニュー・その4　加減乗除ゲーム……156

あしたは地区大会
初戦は絶対突破
戦略はどうすりゃ・・・
ゴキ
うっ

第1章

選手と接する

You must not do it

❶ 優柔不断な態度を選手に見せてはいけない
❷ 力のある選手だけをひいきしてはいけない
❸ 選手が発する“言葉”をうのみにしてはいけない
❹ 思いついたことをすぐに口にしてはいけない
❺ 選手に対して言いっ放しにしてはいけない
❻ 難しい専門知識をひけらかしてはいけない
❼ 試合の結果だけを見て一喜一憂してはいけない
❽ ほめれば選手が成長すると考えてはいけない
❾ 叱れば選手が成長すると考えてはいけない
❿ 選手のミスを反射的に叱ってはいけない
⓫ 叱ったあと選手の同意や謝罪を求めてはいけない

優柔不断な態度を選手に見せてはいけない

自分に自信がもてずに あいまいな指導をしてしまう

いつも優柔不断な態度で選手と接しているコーチがいます。たとえば、選手から質問があり、その内容がすぐに解決できない場合、論点をずらしてはぐらかしたり、「そんなこともわからないのか」と頭ごなしに叱ってごまかしたりします。

また、キャプテンがチームの士気が上がらないことに悩んでアドバイスを求めても、「気合で乗り切れ！」「とにかくがんばれ！」といった抽象的な言葉を繰り返し、具体的な対策を与えることができません。これでは、選手たちは戸惑うばかりで、自分たちがどこに向かって進んだらいいかわからなくなります。

コーチがこんな状況に陥ってしまう大きな原因は、自分に自信をもっていないからです。自分の軸が定まっていないため、選手への指導も及び腰であいまいなものになってしまうのです。

学校スポーツの現場では、毎回言うことが違うコーチに出会います。この場合、一見すると明確な指示をだしているようですが、選手が戸惑いを覚えるという点においては「優柔不断な態度」と変わりありません。

コーチには、確固たるスタンスが求められます。そして、明確なビジョンを打ちだすことで、選手たちを導いていく必要があるのです。

「優柔不断な態度を選手に見せる」と なぜダメなのか？

コーチは、選手の信用を失うことになる

コーチがいつも煮え切らない態度で、はっきりとした方向性を示さないでいると、選手には不信感が募っていきます。これがエスカレートすれば、コーチの人間性そのものを疑うようになり、とうてい「このコーチについていこう！」という気持ちにはなれません。

すると当然のことながら、選手のモチベーションは下がって練習に身が入らなくなります。チームとしてもまとまりがなくなり、個々の選手の力を結集することができなくなってしまいます。

また、これは極端な例かもしれませんが、経験が浅く気の弱いコーチのなかには、自信のなさが高じて、選手とぶつかり合うことを避ける人がいるようです。こんなコーチは、そもそもコーチになる資格がありません。コーチには、いつも毅然《きぜん》とした態度が求められるのです。

こう改めよ!

明確なビジョンを打ちだし ありのままの自分を表現する

コーチは、個々の選手の調子はもちろんのこと、チーム全体の状態を把握したうえで、どうしたらチームが強くなるか、はっきりとしたビジョンを描く必要があります。明確なビジョンをもっていれば、それが自信となり、選手たちへの接し方にも違いがでてきます。

ここで重要なのは、選手たちと接するとき、自分を飾らずにありのままを表現していくことです。コーチは選手たちにとって、たんに競技を教えてくれる人ではなく、いわば「人生の先生」といえる存在なのです。

ですから、コーチは物事の見方や考え方、人生観なども伝える必要があります。ふだんの練習だけでなく、練習外の時間でも選手と触れ合い、コーチという枠を超えて一人の人間として接するようにします。

こうしたコーチと選手たちの触れ合いがあれば、選手はコーチの人間性を理解して信頼が生まれ、それが練習にも反映されるようになり、チームとしても力をつけることができるのです。

やってはいけない

LESSON 2 You must not do it

力のある選手だけをひいきしてはいけない

結果をだしたいがために力のある選手ばかり指導する

チームは、さまざまな特徴をもった選手たちによって構成されています。コーチは、技術力や体力の有無、思考能力の優劣、性格の善し悪しなどから、選手の実力を総合的に評価して、それぞれの選手とどのように接していくかを考えていきます。

ところが、ダメなコーチは、一見しただけで選手を評価してしまい、さらに、自分が力があると判断した選手だけを熱心に指導する傾向にあります。

たしかに力のある選手はチームで目立つ存在であるため、つい目をかけてしまうことになるのかもしれませんが、じつはダメなコーチは、チームを強くするという結果をだすためには、力のある選手だけを相手にするほうが効率がいいと、無意識のうちに思っているのです。

力のある選手のなかには、こうしたコーチの行動に「自分はコーチから認められて高く買われている」と増長する者がでてきて、チームワークを乱すことになりかねません。

一方、力のない選手たちは、コーチからあまり相手にされないことで、モチベーションが下がって練習に身が入らなくなります。その結果、自分の実力を伸ばすことができなくなり、加えて、ほかの選手たちにも悪影響を及ぼすこととなり、チーム全体の力も低下することになるのです。

「力のある選手だけをひいきする」と なぜダメなのか?

最悪の場合、チームが崩壊することになりかねない

力のない選手は、ずっと補欠のままでレギュラーになれず、チームで弱い立場に置かれることになりがちです。そのうえ、コーチから相手にされなければ、ますますチームに居場所がなくなってしまいます。力のない選手はモチベーションを失って強い疎外感を覚えるようになり、コーチを信用しなくなります。

一方、力のある選手が、こうしたコーチの偏《かたよ》った指導を見て、どう感じるでしょうか。自分がえこひいきされていることに対してつけ上がる者もいるでしょうし、反対に、コーチに不信感を抱く者もでてくるはずです。

こうした選手たちの〝負の雰囲気〟は、あっという間にチーム全体へと広がってしまいます。こんな状態が続けば、チームワークの構築を望むどころか、最悪の場合、チームの崩壊を招いてしまうことになるのです。

こう改めよ！

力のない選手それぞれに適切な指導を心がける

コーチの果たすべき大きな役割の一つは、チームを強くすることです。そのためには、まず選手の実力を的確に判断し、それに基づいてそれぞれの選手に見合ったカリキュラムを考え、指導する必要があります。

ここで重要なことは、力のある選手だけを鍛えてもチームは決して強くならないということ。通常、チーム全員が力のある選手ということはあり得ませんから、力のない選手のレベルアップが必要不可欠です。

とくに学校スポーツの場合、選手たちの年齢は若く、多くの可能性を秘めています。現状では実力が劣っているように見えても、驚くほど成長する例は数え切れないほどあるので、力のない選手こそ適切に指導し、その才能を開花させてあげることが求められるのです。

さらに、力がないために試合に出られない選手に対しては、何かしらの役割を与えてモチベーションをもたせ、チーム全員が一丸となって勝利をめざすように導いていくのがコーチの役目なのです。

やってはいけない

LESSON 3

You must not do it

選手が発する“言葉”をうのみにしてはいけない

優勝はモチロン
プロになって
よー
ゆった!!
世界にはばたいて
母校を有名にします!
ついでにコーチも…

選手の発言を真に受けて真意を探ろうとしない

選手との会話にでてくる言葉を、額面どおりに受け取ってしまうコーチがいます。とくに「一流選手になります」「優勝します」「チームを盛り上げていきます」といったポジティブな言葉を耳にすると、「この選手はそれを実現させようとしている」と信じて疑わないのです。

ところが、選手はコーチに対し、いつも本音を語っているとは限りません。元来、コーチと選手には上下の関係があるわけですから、選手はコーチの前では建前を言うことが多いと知っておくべきです。たとえば、「一流選手になります」や「優勝します」といった発言は、こう言っておけば無難だと思っているのに過ぎないのかもしれません。

または、「一流選手になりたいな」「優勝したいな」という願望だったり、「一流選手になれるはずはない」「優勝できないかもしれない」という不安が隠されているのかもしれません。

「チームを盛り上げていきます」という言葉には、じつはチーム状態がよくないにもかかわらず、わざとこうした逆の表現にすることで、コーチに心配をかけたくないという心理が働いている場合もあるでしょう。

コーチは、こうした選手の心理状態を踏まえながら、その言葉に耳を傾ける必要があります。

「選手が発する“言葉”をうのみにする」と なぜダメなのか？

コーチと選手のすれ違いが生じる原因となる

人間と動物の違いの一つとして、人間は言語によるコミュニケーションができるということがあげられます。まさしく言葉はお互いを理解し合うための大切なツールといえますが、その使い方を間違えると、誤解が生じたり、ときには相手を傷つけてしまう場合があることを肝《きも》に銘《めい》じておく必要があります。

ところが、コーチのなかには選手の言葉の上《うわ》っ面《つら》しか聞いていなかったり、自分の都合のいいようにしか解釈しない人がいます。これでは、選手たちをきちんと理解することはできません。

円滑なコミュニケーションが図られないと、コーチと選手双方にすれ違いが生じるようになり、信頼関係を築くことができなくなります。お互いが疑心暗鬼《ぎしんあんき》の状態では、チームが一体となることなどあり得ないのです。

こう改めよ!

練習中だけでなく選手の日常会話も気にかける

コーチが選手の発言の真意を探るには、選手とのコミュニケーションを上手に図っていくことがカギになります。

選手の性格や性質を把握し、選手同士の人間関係など、そのときのチーム状況を観察したうえで、選手の言葉に耳を傾けることが大切になります。

また、選手の日常生活の発言を気にかけることもヒントになります。練習中のコーチを前にしての発言とは違い、日常生活では選手も気が緩んでいますから、ぽろっと本音をもらすことがあります。

練習中には「優勝します」と力強く口にしている選手でも、日常会話になると「優勝したいな」「優勝できるかな」「優勝できたらいいな」といったように、トーンダウンした表現に変化することがあります。

ここには、選手の本音がストレートに反映されているので、できるコーチは、その心理状態を見抜くことができるのです。

思いついたことをすぐに口にしてはいけない

選手にどのように伝わるかを考えずに言ってしまう

思いついたことをすぐに口にだして、選手に伝えようとするコーチがいます。たとえば、技術練習において、選手の欠点が目につけば、「ここが悪い、あそこが悪い」と続けざまに指摘したり、あるいは眼前の練習とは関係ないことを唐突に言い始めたりします。こうしたコーチは、選手に指導する際の計画性や一貫性が欠如しているので、行き当たりばったりの指導になってしまいます。

また、ダメなコーチは選手に何かを伝えるとき、「伝えたい」という気持ちばかりが先走り、思っていることのすべてを言い尽くそうとします。これでは、受け取る側の選手はたまったものではありません。

さらに、選手への伝え方も独りよがりで、相手に伝わるかどうかということまで頭が回りません。極端な例をあげるなら、「ここはカラダをギュッと絞ったあとにパンと反らす。そうするとスピードがビュンとでる」などと、自分の感覚をそのまま口にするため、理解できる選手は誰一人いないということになってしまうのです。

こうした事態に陥らないよう、みなさんは、ぜひ自分の指導法を省みて、思いついたことをすぐに口にだしていないか、わかりやすい表現で伝えているか、といったことを自己診断してみてください。

「思いついたことをすぐに口にする」となぜダメなのか？

選手の理解力を超えパフォーマンスの低下を招く

コーチが深く考えもせず気まぐれに発言してしまうと、選手はそれぞれの発言に振り回されて適応できなくなります。加えて、コーチの言うことが毎回違っていると、選手は混乱するばかりで、コーチの発言を真摯《しんし》に受け止めなくなります。

こうしたことが続くと、選手のパフォーマンスを下げることになります。ですから、コーチは個々の選手のレベルに合わせた指導マニュアルを作成し、それに基づいた一貫性のある指導を心がけることが大切です。

またダメなコーチは、伝えたいことを、選手が理解できるかどうかを考えずに口にだしますが、選手に伝わらなければその発言は無意味なものになってしまいます。

できるコーチをめざすなら、発言する前にその内容を頭のなかで整理し、選手が理解できるわかりやすい言葉で伝えるよう、ふだんから留意したいものです。

こう改めよ！

どうすれば理解できるかを考えて工夫しながら伝える

　前述したとおり、コーチは選手に何かを伝えようとするとき、軽々しい発言を避け、その表現方法に気を配る必要があります。

　できるコーチは、どうすれば選手に上手に伝えることができるかを真っ先に考えます。そのために創意工夫して、いろいろな補助教材を準備します。

　たとえば、カラダの動かし方を理解させるために人体骨格模型を活用したり、選手のフォーム確認のために連続写真やビデオを見せたり、動作のコツを教えるために身の回りのものを活用したりします。

　また、選手に自分の思いを伝えたいときには、その思いが表現されている映画のＤＶＤを見せたり、小説を朗読したりします。

　これらはほんの一例ですが、できるコーチをめざすなら、自分の言葉だけに頼るのではなく、さまざまなアイデアを絞りだし、選手が具体的にイメージできるように心がけたいものです。

ほらここ
よく見てみろ
腕が曲がって
体が
ちぢこ
まってん
だろ
なるほど
ほんとだ

やってはいけない LESSON 5 You must not do it

選手に対して言いっ放しにしてはいけない

選手の反応がよければ理解していると判断してしまう

選手に指示を与えたとき、そのリアクションに過剰反応してしまうコーチがいます。

たとえば、選手がボーっとしていたり、ちょっとでもふてくされた様子が見受けられたら、「自分が熱心に伝えようとしているのに、なんだその態度は！」と感情的になり、選手を叱り飛ばします。反対に、選手が元気よく「はい、わかりました」と返事をすれば、自分の指示が伝わっていると安心してしまうのです。

なかには、選手に熱く指示をだしている自分に酔ってしまい、いままさにコーチとしての仕事をまっとうしていると勘違いする人もいるようですが、そんなコーチは言うまでもなく論外です。

ダメなコーチは、自分が指示をだしたときに反応の鈍い選手がいると、それを一方的に選手のせいにします。「もしかしたら伝え方が悪いのでは」と自分を省みることを決してしないのです。

コーチは、選手とのコミュニケーションをいかに円滑にするかをつねに念頭においておく必要があります。ですから、選手に伝えたいことを言いっ放しにするのではなく、伝え方を工夫し、さらに本当にそれが伝わったかどうかを確認する必要があります。

「選手に対して言いっ放しにする」と なぜダメなのか?

選手が"わかったふり"をするようになる

コーチが選手の反応ばかりを気にしていると、選手はあたかも理解できたかのような振る舞いをするようになります。しかし、実際は何もわかっていないので、コーチの指示がその後の練習に生かされることはありません。

これでは、コーチが指示をだしたことが無意味になるだけでなく、かえって選手に悪影響を及ぼすことになってしまいます。

また、こうしたやり取りを繰り返していると、コーチと選手のコミュニケーションが次第に欠如していき、お互いの信頼関係を築くことができなくなります。

できるコーチをめざすなら、理解してもらいたい事柄をそのまま言葉で伝えるのではなく、「選手に考えさせて自分自身で気づくように仕向ける」といった指導法も身につけていきたいものです。

こう改めよ!

伝えるだけでなく、実際に実行できたかどうかを確認する

できるコーチは、選手に指示を与えたあと、その選手の行動をつぶさに観察します。なぜなら、選手がコーチの指示を理解しているなら、実際の行動にそれが現われるからです。

そして、コーチの指示を実行できていない選手や、一時的にはできても、それが長続きしない選手には、タイミングを見計らって、再び同じ指示を与えます。これを選手ができるようになるまで根気よく続けます。

コーチが選手に対して指示をしたとき、選手の反応をうかがうだけでなく、その後の選手の行動を観察するということを続けていけば、真剣な顔をして聞いているように見えても行動につながらない選手もいれば、ボーッとしているように見えてもすぐに行動に移すことができる選手もいることがわかってきます。

こうした選手それぞれのキャラクターが理解できるようになれば、個々の選手にマッチした指導を行うことが可能になるのです。

意外に
のみこみ
早いな
あいつ

難しい専門知識をひけらかしてはいけない

選手の理解力を考慮せず知識の受け売りをする

最新の技術論や戦術論などの専門知識を、やたらとひけらかしたがるコーチがいます。しかも、その知識を自分で咀嚼《そしゃく》することなく、難しい専門用語などもそのまま流用して選手に伝えてしまうのです。

雑誌や本などから仕入れた情報をすぐに紹介したくなる気持ちは理解できなくはありませんが、もし、こうした専門知識を知っていることで自分の存在意義が上がると思っていたり、選手に話すことで優越感を覚えるコーチがいるとしたら、一刻も早く自分の愚かさに気づくべきでしょう。

このタイプのコーチの問題点としては、まず伝えようとしている専門知識が選手にとって必要なものかどうかの吟味をしていないこと、そして選手への伝え方を考えていないことがあげられます。

スポーツの世界では、それぞれの競技ごとに専門知識が必要になりますが、それは選手のレベルに適したものでなければ意味がありません。仮に、選手にとってハードルの高い知識を与える必要に迫られた場合は、それを上手に処理することこそが、コーチの腕の見せどころなのです。

お互いの意思の疎通を図るのがコミュニケーションの第一歩。できるコーチをめざすなら、本当に伝えなければならないことを、選手が理解できるように伝えることが必要となります。

「難しい専門知識をひけらかす」となぜダメなのか？

選手が理解できずに困惑しコーチに不満を感じることになる

コーチが、難しい専門知識について専門用語を用いて説明しても、ほとんどの選手は理解できないはずです。すると、選手のなかには、自分の理解力を疑うようになる者もいれば、わからない話をするコーチに不満を感じる者もでてきます。

これでは、わざわざ専門知識を披露した意味がありません。選手たちは、コーチに知識を求めているのではなく、その人間的な魅力に接したいと願っているのです。

プロスポーツの世界、とくに欧州サッカーなどで監督に求められる資質は、サッカーの専門知識に詳しいのは当然のことで、じつは自分の何倍もの年俸を得ているスーパースターたちを束ねる、人間として懐《ふところ》の深さなのです。

できるコーチをめざすなら、付け焼き刃の専門知識をひけらかすのではなく、ありのままの自分を表現することによって、選手を引っ張っていく必要があるのです。

こう改めよ！

選手に「難しい」と感じさせないように工夫して説明する

選手に難しい専門知識について伝えなければならないときは、まずその内容を吟味し、選手が理解できるように難しいことをいかに簡単に伝えるかを考える必要があります。

なぜなら、選手は「難しい」と感じてしまうと、やる前から「できなかったらどうしよう」と心にブレーキがかかってしまうからです。人は自分の頭のなかで「難しい」という先入観をもってしまうと、どんどん「難しく」考える傾向にあるのです。

反対に「簡単だ」と思うと、「これならできそうだ」と考えるので、コーチは選手がそうなるように仕向ければいいのです。そのためには、難しい専門用語をそのまま用いるのではなく、コーチがかみ砕いて、やさしい言葉に置き換えてあげる必要があります。

このほか、できるだけ具体的な例をあげたり、選手が理解できている事柄と比較しながら解説するなど、いろいろと創意工夫するといいでしょう。

LESSON 7 You must not do it

やってはいけない

試合の結果だけを見て一喜一憂してはいけない

勝敗だけを重視して内容についてはおざなりにする

試合で勝ったか負けたか、選手があるプレーをできたかできないか、といった結果だけを見て一喜一憂してしまうコーチがいます。たしかに、試合に負ければ悔やしいでしょうし、選手がひどいプレーをすれば歯がゆい思いをすることでしょう。

しかし、「勝負は時の運」という言葉があるとおり、選手たちがもてる力を十分に発揮したとしても、勝てるという保証はありません。また、技術の習得にはそれなりの時間がかかるものですから、選手のプレーがすぐに上達しないからといって、いちいち目くじらを立てるのは考えものです。

テレビで野球やサッカーの試合中継を見ていると、よく解説者が「それは結果論ですね」と言っているのを耳にします。「事が起きたあとで、原因や動機などを考えずに、結果だけを見て議論するのは無意味だ」ということですが、まさにそのとおりです。勝てばまったく問題がなかったとはいえませんし、反対に負ければすべてがダメだったとも限りません。

ですから、コーチは結果に一喜一憂するのではなく、そこに至るまでの過程に目を向ける必要があります。過程を見れば、なぜ試合に負けたのか、どうして選手が上手にプレーできないのか、といったことがわかるようになるのです。

「試合の結果だけを見て一喜一憂する」となぜダメなのか？

チームや選手にとっていちばん重要なことを見逃してしまう

コーチが結果だけにとらわれていると、選手はどうなってしまうでしょうか。ミスプレーをするとすぐさま叱られるため、失敗を恐れて萎縮するようになり、さらにミスを重ねることになるでしょう。

また、もし試合に負けようものなら、すべての選手が否定されるわけですから、チームそのものが八方ふさがりの状態に陥ってしまいます。

こんな状態が続けば、選手がモチベーションを失ってしまうのは火を見るより明らかです。なかには、コーチのマネをして結果のみを追い求める選手がでてくるかもしれません。

勝利という結果が得られれば、その過程に何か問題があっても見向きもしなくなり、敗北という結果がでれば、その過程でプラス面があっても、自分たちで正当な評価を下すことができなくなってしまうのです。

こう改めよ！

結果だけでなく、選手の成長過程や試合内容を重視する

選手の成長過程や試合経過を重要視することは、とても大切です。たとえば、数学の証明問題などで、仮に答えを間違ったとしても、そこに至るまでの計算式を検討すると、問題を解く過程は正しかったとわかることがあります。同様に、スポーツも結果だけでなく、過程に着目すれば、そこには選手のレベルアップを図ったり、チームを強くするヒントが隠されています。

選手が成長していく過程は、それこそ千差万別です。一気に伸びる選手もいれば、一歩ずつ階段を上《のぼ》るように力をつけていく選手もいます。コーチが選手の成長する過程を見守っていれば、「君のやっている練習は正しいからこのまま続けなさい」とか、「昨日までできなかったことが、今日は少しできるようになった。がんばったな」とほめてあげることもできます。

このように、コーチが結果ではなく経過を見て評価や指示を与えてあげれば、選手はモチベーションを保ちながら安心して練習に取り組むことができるのです。

やってはいけない

LESSON 8 You must not do it

ほめれば選手が成長すると考えてはいけない

ほめることが選手を伸ばすことだと勘違いしている

やたらに選手をほめるコーチがいます。とくに選手があるプレーを成功させたり、試合で勝つなどの結果をだせば、その傾向にますます拍車がかかります。

たしかに一般論では、「選手の短所ではなく長所を見ろ」とか「叱るのではなくほめて育てろ」といわれていますが、これは何の計算もなく行き当たりばったりにほめるということを意味しているのではありません。

ダメなコーチの問題点は、「ほめること＝選手が伸びる」と短絡的に信じて疑わないところにあります。自分がほめることが、選手にどんな影響を与えることになるのか、といったことまで考えが及ばないのです。

また、前述したとおり、選手が結果をだしたときに、ほめる頻度が高くなるわけですから、実力の劣る選手に対しては、ほめる回数が自《おの》ずと少なくなってしまいます。ほめるということが最高の指導法だと勘違いしていながら、自分がほめていない選手がいることに気がつかないのです。

ですから、できるコーチをめざすなら、まずほめていいときとダメなときがあるということ、そして、一見するとほめるべき点の少ない選手をどうほめるか、ということを念頭において、自分の指導法を見つめ直すことが重要になるのです。

「ほめれば選手が成長すると考える」となぜダメなのか?

結果的に、選手からモチベーションを奪ってしまう

選手はコーチからほめられると喜びを感じます。モチベーションがアップし、練習や試合でのプレーにもいい影響を及ぼします。ところが、のべつ幕なしにほめられ続けるとどうなるでしょう。選手はほめられることに慣れてしまい、そのうち何も感じなくなってしまいます。

一方、「ミスプレーが多い」「技術の上達が遅い」「試合で勝てない」といった力のない選手は、コーチからほめられないため、モチベーションのもちようがありません。するとチームで疎外感を覚えるようになり、ほかの選手をうらやんだり、コーチを逆恨《さかうら》みすることにもなりかねません。

このように、ほめるという行為は、簡単そうでいて、じつは諸刃《もろは》の剣《つるぎ》になりかねない危険をはらんでいます。ですから、コーチはほめるということの意味をきちんと考え、効果的に用いる必要があるのです。

こう改めよ!

選手にとっていちばん効果的なタイミングでほめる

できるコーチは、簡単に選手をほめることはしません。なぜなら、眼前で起こっていることだけではなく、これまでの経緯を考慮しつつ、その先の将来を見据えながら、ほめるタイミングを見計らっているからです。

たとえば、選手のあるプレーがあまりうまくできていなくても、以前に比べて少しでも上達していれば、その点を指摘してほめるのです。すると、ほめられた選手のモチベーションは上がり、今後そのプレーをマスターしていくうえでの励みになります。

反対に、試合に勝って調子に乗りすぎている選手がいたなら、その選手を助長させないために、あえてほめません。そのほうが、その選手にとってプラスになると判断するからです。その選手が試合に負けて意気消沈したときに、ほめてあげればいいわけです。

このように、できるコーチは、選手を成長させるために、いちばん効果的なタイミングでほめることができるのです。

叱れば選手が成長すると考えてはいけない

叱ることがコーチの役割だと信じ込んでいる

［レッスン❽］では、選手をほめすぎるコーチを取りあげましたが、叱り方に問題のあるコーチも困りものです。たとえば、最初はふつうに叱っていたのに、そのうち感情的になって怒鳴りちらしたり、選手の欠点を次から次へと指摘しないと気がすまないといったコーチは少なくありません。

このようなコーチは、よく選手に「何度同じことを言えばわかるんだ」という発言をしますが、そもそも叱れば選手が成長すると信じているのが間違いで、叱るだけで選手が成長するなら、苦労はいりません。

なかでも、叱ることが自分の仕事だと勘違いしているコーチや、「何をやっているのだ」「どうしてできないのだ」という具合に、悪いのはすべて選手のせいにしてしまうコーチは、もってのほかです。

できるコーチをめざすなら、叱ることの意味を考え、叱り方にも工夫を凝らす必要があります。

プロアマを問わず日本のスポーツ界では、監督やコーチがトップダウンで選手に指示することが多いように見受けられます。学校スポーツの場合は、教育という側面もあるので、つい命令調の指導になってしまうのでしょうが、そろそろ日本のスポーツ界全体で、指導方法を見直す時期がきているのではないでしょうか。

「叱れば選手が成長すると考える」となぜダメなのか？

選手がやる気を失いコーチへの反発心が生じる

選手はコーチから叱られたとき、その言葉が本当に自分のことを思ってのものかどうかを瞬時に感じ取ります。ですから、コーチが感情的に怒っているような場合は、選手は真剣には聞いていないといっていいでしょう。

また、仮にコーチの叱責《しっせき》が、選手のことを思ってのものだったとしても、次から次へと叱られるのであれば、選手はどんどんやる気を失ってしまうものです。

このような日々が繰り返されると、そのうちに選手にはコーチへの反発心が芽生えるようになり、両者の間に信頼関係が築けなくなります。これでは、選手のモチベーションは向上しませんし、その成長も望むことはできません。

ふだんから選手を叱ることが多いと感じているコーチは、自分がどんな場面で、どのように発言しているかをぜひ検討してみてください。

こう改めよ！

選手の気持ちが前向きになるような叱り方をする

コーチは、選手を成長させるために叱るのですから、自分の話が選手に伝わらなければ意味がありません。そのためには、叱り方にさまざまな工夫を凝らす必要があります。

たとえば、選手に反省を促す場合には、「○○がダメだから、上手にプレーできないんだ」という断定的な言葉ではなく、「○○をさらによくしたら、もっと上手にプレーができるようになるよ」といった感じで、選手の気持ちを前向きにする表現を用います。

ここでのポイントは、コーチの要求が厳しいものであっても、選手に実現できると思わせるようなプラスのイメージを抱かせる言葉を選ぶことです。

こうすることで選手は、いま叱られているのは、自分を否定するためではなく、将来を考えてのことだと感じ取り、コーチの言葉を素直に聞くことができるようになるのです。できるコーチをめざすなら、選手を納得させる話術を身につける必要があります。

やってはいけない

LESSON 10 You must not do it

選手のミスを反射的に叱ってはいけない

選手の性格を考慮せず誰彼かまわず叱ってしまう

選手のミスを許すことができず、ひとたびミスを目にしたなら、誰彼かまわず叱り飛ばすコーチがいます。実際、学校スポーツの現場で、練習開始から終了までずっと怒りっ放しのコーチを目にして、心底あきれてしまったことがあります。

こんなコーチは、好意的に評価するなら、「選手を育てようという熱意が強すぎるあまり、つい怒鳴ってしまう」ということになるのかもしれませんが、[レッスン❾]で指摘したように、「叱れば選手が伸びる」と勘違いしている場合がほとんどでしょう。

また、ミスの叱り方にも工夫がなく、大きなミスの場合は強く叱り、小さなミスなら軽く叱ります。つまり、叱るという意味を考えることなく、ただミスの大小に応じて条件反射のように叱っているだけなのです。

ミスが起こったら反射的に叱るわけですから、選手全員がその対象者となり、ある意味とても公平な叱り方なのかもしれませんが、その最大の問題点は、叱られることに弱い性格の選手がいることをまったく考慮していない点にあります。

選手の性格に適した指導を行うことは、コーチにとって基本中の基本になりますが、意外と実践するのが難しいテーマなのです。

「選手のミスを反射的に叱る」となぜダメなのか?

選手がミスを恐れプレーが萎縮するようになる

選手がミスをするたびにコーチが叱っていると、選手たちはミスに対して過剰反応するようになり、大きなプレッシャーを受けることになります。そして、ミスを恐れるあまり、本来のプレーができなくなります。なかでも、気の弱い性格の選手は、叱られると萎縮してミスを重ねてしまい、さらに叱られるという悪循環に陥ってしまいます。

コーチは選手を成長させる目的で叱るのでしょうが、これではまったくの逆効果です。叱ってばかりいると選手のやる気を奪い、そのパフォーマンスを下げてしまうことに一刻も早く気づくべきです。

ミスしたら叱るという単純な行為を改め、「なぜ叱るのか」「いつ叱るのか」「どのように叱るのか」といったことを考え、個々の選手の力を伸ばすための叱り方を身につけることが重要です。

こう改めよ！

選手の性格や心理を考慮して適切な叱り方をする

できるコーチは、選手がミスしても反射的に怒るようなことはありません。もちろん、すぐに叱ったほうがいいと判断した場合はそうしますが、それ以外は「叱ること」がもっとも効果的に働くように叱ります。

たとえば、選手のミスと一口に言ってもその内容はさまざまですから、ミスが起こった原因を分析し、次にそのミスを防ぐ方法を考え、選手の能力に適した対策を授けるようにします。

また、叱ることがその選手にどう作用するかも考慮します。叱ると萎縮してしまうような気の弱い性格の選手には、あえて叱らないという方法もありますし、逆に、叱って伸びるタイプの選手なら、刺激を与える意味で叱る回数をわざと増やすのも効果的でしょう。

できるコーチをめざすなら、ミスの内容をはじめ、選手の性格や能力、そのときの体調や心理状態などを考慮に入れ、「最適なタイミングでの的確な叱り方」をマスターする必要があります。

叱ったあと選手の同意や謝罪を求めてはいけない

「わかりました」と言ったとしても理解しているとは限らない

選手を叱れば、すぐに同意や謝罪の言葉が返ってくると信じているコーチがいます。なぜなら、「選手はコーチの言うことに従うものだ」と無意識のうちに思い込んでいるからです。

そして、この思い込みがあるため、選手が口にする「わかりました」「すみませんでした」という言葉を聞くと、それをうのみにして「自分の指導が適切で、選手もすぐにわかってくれた」などと自己満足してしまいます。

ところが、選手が示す同意や謝罪の言葉は、コーチに叱責されたことの意味を理解して、心の底から謝っているのではなく、じつはその場から逃れたい一心で反射的に口をついてでたにすぎないことが多いのです。当然のことながら、このような選手の場合は、その後の行動を改めることはあまりありません。

ダメなコーチのなかには、自分の発言に対し、選手が言い返したりすると、感情的になって怒鳴りちらす人がいます。しかし、選手の反論は、コーチの話をきちんと聞いているからこそできるわけですから、聞く耳をもたないのは考えものです。

できるコーチをめざすなら、まず選手の言葉を額面どおりに受け取らず、その真意を探ることから始める必要があります。

「叱ったあと選手の同意や謝罪を求める」と なぜダメなのか?

お互いの信頼関係を築くことができなくなる

前述のとおり、選手のうわべだけの同意や謝罪の言葉に対して、コーチが何の疑問ももたず「選手は理解している」と受け止めてしまうと、選手はずっとその場しのぎの返答を繰り返すことになります。コーチが選手のためを思って叱ったことが、結果的には、その選手の成長に結びつかないということになってしまうのです。

一方、コーチの側にしてみれば、たしかに指導したにもかかわらず選手が実行に移さないのを見ると、憤《いきどお》りを覚えます。するとと、再び同じことで叱る結果になってしまい、この悪循環が繰り返されていくことになるのです。

このように、「コーチが発言して選手が答える」というもっとも基本的なコミュニケーションが成立しないと、お互いの信頼関係を築くことができず、チームづくりにも悪影響を及ぼすようになります。

こう改めよ!

叱ったことに対する言い訳や反論にこそ耳を傾ける

できるコーチは、コーチと選手の間に上下関係があることをつねに意識しています。ですから、選手がコーチを前にしているときは、必ずしも本音を語らないということを知っており、選手の真意がどこにあるかを探るように心がけています。

たとえば、コーチの叱責に対し、選手が同意や謝意を示さなかったときの言葉に耳を傾けます。なぜなら、その言葉がたとえ稚拙《ちせつ》な言い訳や反論だったとしても、そこには選手の本音が込められているからです。選手の感情や考え方が反映されている言葉には、その選手のキャラクターを理解するのに役立つヒントが隠されているのです。

コーチは、選手が自分の言うことなら何でも従う存在であるという意識を捨て、円滑なコミュニケーションによって信頼関係を築く必要があります。そのためには、選手の言い訳や反論などを受け止める度量が求められるのです。

ちょっと
バトンをもらうときの
イメージが
ずれてる…
ってゆうか…

チーム力を高める練習メニュー・その1

チームの木

●メニューのねらい

チームについての共通認識をもち、取り組むべき課題を明確にする

●メニューの設定

◎人数：全員　◎場所：部室・教室　◎時間の目安：20分

◎道具：ホワイトボード、ポストイット

●メニューの手順

①ホワイトボードにシンプルな木の絵を描きます。→幹、枝、葉をはっきりと。

②チームとしてのテーマを全員で話し合って決め、幹の部分にそれを書きます。→チームとしてのウリ、伸ばすところなど。

③テーマから連想することを1人1人ポストイットに書いて、枝の部分に貼ります(イラストのⒶの部分)。→同じものがある場合にはまとめる。

④同じく、枝の部分に書いてある言葉から連想することをポストイットに書いて、葉の部分に貼ります(イラストのⒶ以外の部分)。

⑤完成した「チームの木」を見ながら全員で話し合います。

→詳しくは『チーム力を高める36の練習法』(高畑好秀著・小社刊)参照

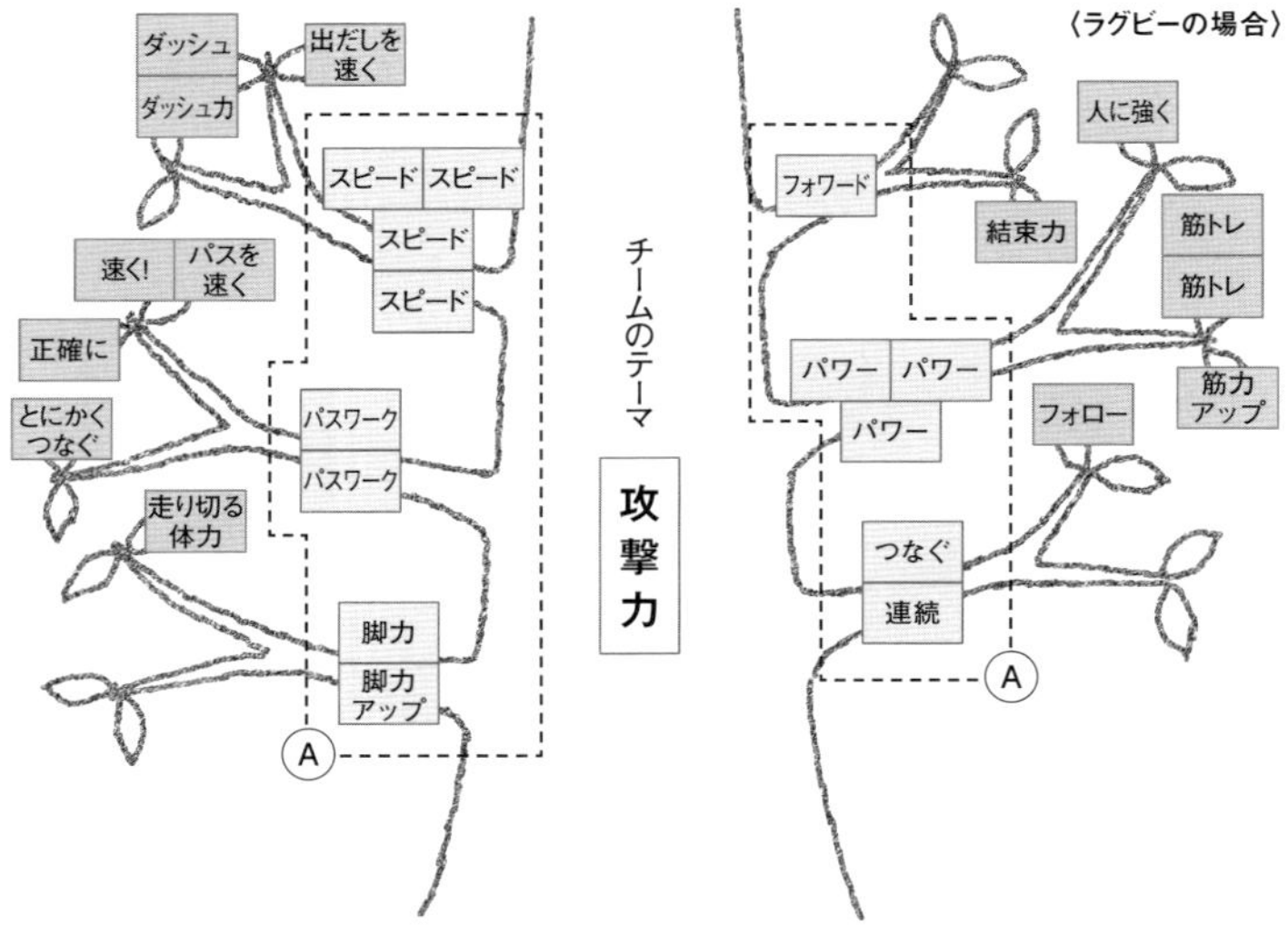

第2章

選手を評価する

You must not do it

選手の短所ばかりを気にしてはいけない

長所があっても短所に目が行きそれを指摘してしまう

　選手の短所ばかりが気になってしまうコーチがいます。そして、「これが足りない、あれも足りない」とネガティブな評価を下すのです。

　じつは、長所と短所は表裏一体のもの。見方によっては、長所が活かし切れていないので短所に見えることもあるのです。ダメなコーチの問題点は、つねに否定的なスタンスに立っているため、ともすれば長所になり得ることも、すべて短所に見えてしまうという点にあります。

　たとえば、選手がある技術をマスターしてそれが長所になったとしても、コーチの目には映らず、すぐさま別の短所を指摘することになります。これでは、選手の立つ瀬がありません。

　選手の指導法において、「長所を伸ばすか、短所を克服させるか」ということがよく議論になりますが、どちらがいいと結論づけるのは難しいでしょう。しかし、短所ばかりを指摘する指導法には、明らかに偏りがあると言わざるを得ません。

　プロスポーツの超一流選手ならいざ知らず、短所のない選手など存在しませんので、こうした指導法を改めない限り、選手の短所をあげつらうだけのコーチに成り下がってしまいます。そうならないために、まずは選手の長所に目を向けることから始めるのがいいでしょう。

「選手の短所ばかりを気にする」となぜダメなのか？

短所を指摘することが選手にとってマイナス効果となる

コーチから短所を指摘された選手は、当初はその克服のために努力を惜しまないはずです。しかし、それが繰り返されていくうちに、だんだんやる気を失ってしまいます。こうした気持ちが高じれば、「自分は短所しかない人間だ」と思い込むようになり、選手の心には、強い無力感が生じることになります。

これでは、コーチの指導そのものがマイナスに作用してしまいます。人間の資質を問うとき、「性善説」と「性悪説」とが比較されますが、短所ばかりをあら探しするのは、「性悪説」の部類に入るのではないでしょうか。

できるコーチをめざすなら、ぜひとも「性善説」のスタンスで選手に臨んでもらいたいものです。なぜなら、選手の長所を見いだすことこそが、コーチの使命といっても過言ではないからです。

こう改めよ！

“今後伸びると思われる部分”も含めて長所と考える

選手の長所を見つけることは、とても重要です。ここでいう長所とは、現状で力をだし切っている部分だけでなく、今後伸びるであろう資質の部分も含まれています。

たとえば、カラダが大きいわりにはその力を活かしていない選手は、現状で見るとそこが短所になりますが、カラダが大きいという資質は間違いなく長所です。ここで重要になるのが、その点をコーチが「長所である」と認め、選手に伝えてあげることです。

コーチが「君のカラダにはすごい潜在能力が秘められているよ」と言えば、選手もそれが自分の長所だと自覚するようになり、そこを伸ばそうと努力します。逆に「君はカラダは大きいがウドの大木だな」と言えば、選手は長所さえ短所だと思ってしまうのです。

コーチが選手に長所を教えてあげるだけで、選手のモチベーションが高まるということを意識して、積極的に声かけするよう心がけたいものです。

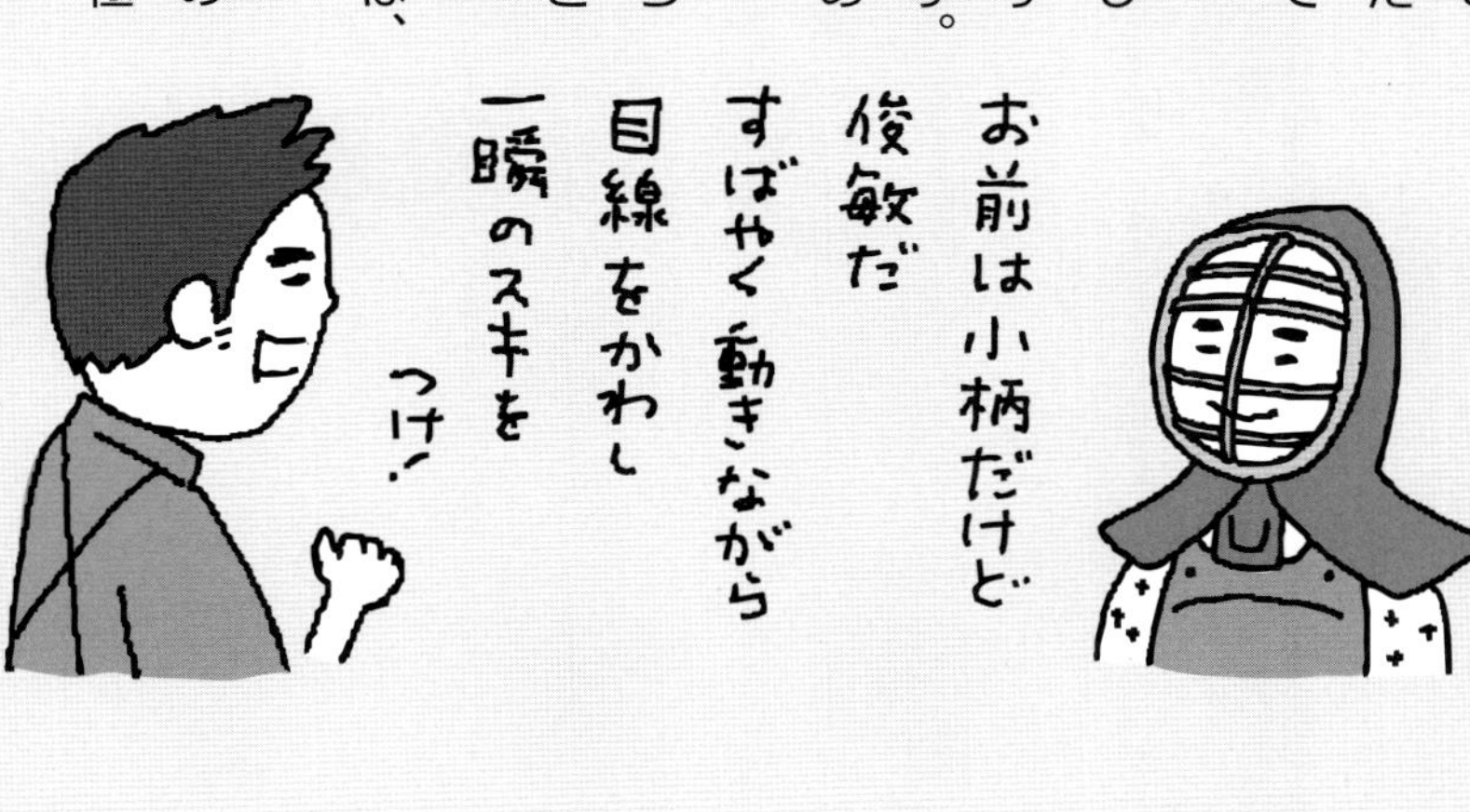
お前は小柄だけど
俊敏だ
すばやく動きながら
目線をかわし
一瞬のスキを
つけ！

「彼に比べて君は……」と言ってはいけない

つねに優れた選手との比較で評価しようとする

選手を評価するとき、つねに優れた人との比較をしてしまうコーチがいます。「Aは君よりも努力している」「Bは君よりも上手だ」といった具合に優れた選手を引き合いにだして評価を下すのです。

この場合の問題点は、話し始めこそコーチの意識は目の前の選手にあるのですが、話している最中にその意識が、引き合いにだしている選手に移ってしまうことにあります。コーチに悪意はなく、無意識にそうなってしまうのかもしれませんが、結局のところ、「比較対象者」をほめて、「眼前の選手」をけなすことになってしまうのです。

このように、人を評価するとき、その人より秀でた他人と比べてしまうと、必ずマイナスの評価しか下されません。これでは、もはや評価に値しませんし、言われる側の選手にしてみれば、コーチの話を聞くたびに「ダメ出し」されることになるのです。

もちろん、できるコーチのなかには、優れた選手と比較しながら目の前の選手に正当な評価を下し、しかも、その選手のモチベーションを損ねない人もいるでしょうが、なかなかマネのできるものではありません。ですから、目の前の選手としっかり向き合い、その選手を主役にして語りかけてあげる必要があるのです。

「『彼に比べて君は……』と言う」となぜダメなのか?

選手のやる気と可能性を奪うことになる

人が生きていくうえで、他人から評価されることは大きな喜びの一つです。他人からほめられれば励みになりますし、その後の人生を左右することさえあります。

ところが、前述のコーチのように正当な評価をしてくれないとなると、選手のモチベーションは高まるはずがありません。ましてや、つねに優れた選手と比較されるわけですから、そのストレスは想像以上に大きいのです。

こんな状況が続けば、「どうせ自分なんか、あの選手と比較すれば……」と自己否定するようになり、無力感を抱くことになるでしょう。この選手には、もはや比較対象者である選手より優秀になる以外残された道はありません。

できるコーチをめざすなら、選手を評価するときは、細心の注意を払うように心がけるべきです。コーチの不用意な一言が選手の人生さえ変えてしまうことがあるのです。

こう改めよ！

人と比較せずに眼前の選手のことを評価する

選手を評価するときは、他人と比較することなく、目の前の選手を主役にして話します。

このときのポイントは、語りだしを「あなたは……」として、その選手を主語にすることです。さらに可能なときは、「あなたは、あなた自身に負けていないか」「あなたは、昨日のあなたと比べて成長できたか」といった具合に、目的語にも「あなた」を用います。

こうすることで、コーチは「いま私が評価しているのは、ほかの選手ではなく、あなたなのです」という印象を選手に与えることができるのです。

選手のほうも、自分が主語になっているコーチの話を聞いているうちに、自分自身のことに意識が集中していきます。自分のことを成長させたいというコーチの思いを感じ、素直な気持ちでコーチの評価を受け取るようになります。そして、コーチから指摘されたことをクリアするという高い目的意識をもって、その後の練習に取り組むことができるようになるのです。

プレーの実力だけで選手を評価してはいけない

プレー以外に、選手にとって必要なものを見ようとしない

選手のプレーのみを見て、その選手の評価を下してしまうコーチがいます。たとえば野球の試合で、チャンスで打ったり、ファインプレーをしてチームを救った選手がいると、それだけで高評価を与えてしまうのです。

たしかに、スポーツは結果のみで判断される世界ですから、勝利に貢献した選手が高い評価を受けるのは当然のことのように思われます。しかし、人を評価するということは、それほど単純ではありません。

なぜなら、チーム力を向上させるには、プレー以外のものも必要になるからです。たとえ個々の選手たちにプレーの実力が備わっていたとしても、それだけで勝利を得るのは難しいのです。

これは極端な例かもしれませんが、試合で活躍する選手がふだんマジメに練習しない選手だったらどうでしょう。または、自分がチームのエースであることを鼻にかけ、いつも好き勝手な行動をとっているような選手だったらどうでしょうか。もしこんな選手がいたなら、ほかの選手たちに悪影響を及ぼし、たちまちチームの和は乱れてしまいます。

ですから、選手を正しく評価するには、プレーの実力があるということや試合で結果をだしたということだけでなく、さまざまな角度から選手を観察して、総合的な評価を下すように心がける必要があるのです。

「プレーの実力だけで選手を評価する」となぜダメなのか?

選手の"本当の姿"を正しく評価することができない

コーチが選手を評価するとき、プレーだけをその判断材料にするなら、ある意味それは簡単なことです。眼前の選手のプレーを見ればいいので、まさに一目瞭然《いちもくりょうぜん》です。

しかし、この場合コーチが目にしているのは、あくまでもその選手の「プレー」という部分でしかありません。これで本当にその選手を評価したといえるのでしょうか。

選手にはさまざまなタイプがいます。コーチがいるときといないときで態度が大きく変わる者、一生懸命練習しているふりをして、陰でサボる者、回りには興味がなく自分のことしかやらない者、細かいことに気がつき、他の人のサポートができる者……。

このような、プレーではない選手のパーソナリティの部分も、チーム力を左右する大きな要素ですから、当然評価の対象となってしかるべきです。

こう改めよ！

プレー以外の行動を見て選手の実力を総合的に判断する

前述したような、選手のパーソナリティの部分以外に、選手の行動についても、評価にあたって観察すべき点はたくさんあります。

たとえば、ミーティングのときに選手の表情を見れば、やる気があるかないかがわかりますし、準備体操を見れば、練習に取り組む姿勢がうかがえます。

また、プレー前のポジショニングを見れば、その選手のプレーに対する意識のもち方がわかりますし、チームメイトとの接し方を見れば、チームでの自分の役割を認識しているかどうかがわかります。

もちろん、これ以外にも選手を観察するポイントはいくつもあります。

できるコーチをめざすなら、このようにさまざまな角度から観察することで、選手を理解するよう心がけるべきです。そして、選手の力を伸ばす手助けをするとともに、チームの勝利に貢献できる適材適所の役割を与えてあげるといいでしょう。

選手の現在の実力だけで評価してはいけない

いま力のある選手しか戦力として評価できない

いま現在において実力のある選手しか、評価することができないコーチがいます。仮に選手の実力を10段階に分けるなら、8〜10の選手しか認めず、4以下の選手になると、すぐさま戦力外と決めつけてしまいます。

このタイプは、［レッスン❷］でも指摘したとおり、「現状では力が劣っているように見える選手が、目を見張るほどの成長を遂げる場合がある」ということをイメージすることができないのです。自分のお眼鏡《めがね》にかなわない選手を簡単に見限ってしまうのは、コーチとしてあるまじき行為であるといえるでしょう。

たしかに、人を評価するのが難しいことも事実です。たとえば、アマチュア時代にコーチからまったく評価されていなかった選手が、プロの世界で大活躍することは、さほどめずらしい出来事ではありません。

しかし、コーチが正当な評価を下せないことがあるということと、力のない選手を相手にしないということは、決して同じ土俵の上で語られるべきものではありません。

できるコーチをめざすなら、まず実力が劣っているように見える選手への評価基準を改めるべきです。その方法はじつは簡単なことで、選手の可能性を信じてあげればいいのです。

「選手の現在の実力だけで評価する」となぜダメなのか?

現段階で実力の劣る選手が育たなくなってしまう

前述したとおり、現在は実力がない選手でも、大化けする可能性を秘めています。しかし、力が足りないからとコーチから見限られてしまうと、選手はそれを敏感に感じ取り、やる気を失ってしまいます。

さらに問題なのは、「どうせ僕なんかこの程度だ」と選手が自分の力に限界を設定してしまうことです。これでは、コーチから成長する可能性を奪われただけでなく、自分自身で成長する可能性を放棄してしまうことになります。

また、コーチが力のある選手だけ相手にするとどうなるかは、［レッスン❷］ですでに述べたとおりです。実際、学校スポーツの現場で目にする「ダメなコーチが率いるチーム」は、選手たちの力が完全に二分化しているところがほとんどです。その原因は、コーチから評価されていない選手の力が一向に伸びてこないからです。

こう改めよ！

選手の"伸びしろ"の部分まで含めて評価する

「レッスン⑫」にも関連しますが、できるコーチは選手の潜在能力に着目します。つまり、選手にはまだ未開発な部分があり、さらなる"伸びしろ"があるということも含めて評価することができるのです。

そのためには、目の前の選手の現状を把握しながら、その選手が成長して自分の能力を最大限に発揮するようになった姿をイメージすることが大切になります。

コーチが選手の潜在能力を評価してあげると、選手はどんどん成長していきます。ですからコーチは、成長過程にある選手の実力不足を嘆くのではなく、今後の成長を心から楽しむくらいの余裕をもって、選手と接してもらいたいものです。

選手の力を引きだそうと、嬉々《きき》としているコーチの姿を目にすれば、選手たちも次第に自分の可能性を信じるようになります。そうなれば、モチベーションが上がり、自ずと練習にも前向きな気持ちで取り組むようになるのです。

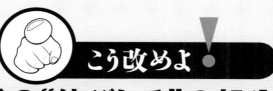

評価基準をあいまいにしてはいけない

チームの目標を見失ってしまい指導があやふやになる

コーチなら誰でも、選手を評価するための基準をもっているものですが、なかには自分の評価基準に自信がもてないコーチがいます。評価基準には、選手の技術力をはじめ、体力、精神力、知力、性格などさまざまなものがありますし、このほか、チーム内でリーダーシップを発揮できるか、協調性があるかといったことも含まれてきます。

ところが、ダメなコーチは、日々の練習のなかでチームの目標をはっきり意識できなくなってしまい、選手を評価するとき、これらの評価基準のどれを用いたらよいかわからなくなってしまいます。たとえば、選手があるプレーを上手くできないとき、それが技術的な問題なのか、精神力が弱いために緊張して失敗してしまうのかということを判断できないのです。

これでは、選手を正当に評価することなどできません。評価ができないということは、選手を理解することができないということですから、当然指導においても的確な指示を与えることができません。

できるコーチは、自分なりに培った評価基準によって選手を正しく評価することで、長所や欠点を把握することができるため、その選手に適した指導を行うことができます。これはコーチの本分ともいえることですから、心に留めておく必要があります。

「評価基準をあいまいにする」となぜダメなのか?

選手が落胆し、やる気を失いコーチに不信感を抱くようになる

評価基準があいまいなコーチから評価や指導をされたら、選手はどんな反応を示すでしょうか。コーチの評価や指導があいまいだということは、当然選手にも伝わるので、おそらく戸惑いを覚えるに違いありません。

人は他人から理解されたいと願っているものですが、自分の好きなスポーツを続けていくうえで、もっとも信頼したいと思っているコーチに正当な評価をされず、理解も得られないとしたら、その落胆の度合いは相当大きなものになってしまいます。

そして、自分の抱えている問題を解決する糸口がつかめず途方に暮れてしまい、選手によっては、コーチに不信感を抱くようになるかもしれません。

そのようなことのないよう、コーチはつねに目標を確認し、自分の評価基準を明確にする必要があります。

こう改めよ！

つねに目標を確認し、評価がブレないよう基準を少なくする

コーチの元には、選手のチームメイトやそれ以外の人から、いろいろな情報が入ってきます。できるコーチはこのような情報に惑わされることなく、白紙の状態で選手と向き合います。そして、自分が設定した明確な評価基準に基づいて、適正な評価を下します。

たとえば、チームメイト全員が「あの選手は下手で使えない」と評価したとしても、その選手を試合で使うことがあります。それは、「この選手がミスするのは技術的な問題ではなく、プレッシャーに弱いからだ。だから、試合に出して度胸がつけば確実にうまくなる」と判断しているからです。

できるコーチをめざすなら、自分の評価基準を明確にしていく必要があります。そのためには、最初は評価基準を多く設けず、少なめにするほうがいいでしょう。そうすることで、選手を見る目の確実性が向上し、慣れてくれば、より多くの視点から選手を分析できるようになります。

レギュラー選出の基準をあいまいにしてはいけない

選出の基準に自信がないため説明責任を回避する

レギュラーを選ぶとき、その選出の基準を明らかにすることができないコーチがいます。なぜなら、［レッスン⑯］で紹介したコーチと同じで、自分の評価基準に自信がもてないからです。

なかには、選出の基準を明確にすることで、選手やほかの第三者から批判されるのを恐れるコーチもいるようですが、これではコーチ失格と言われても仕方ありません。

レギュラーの選出においては、チーム全員が納得する結果になることはまれで、当落線上の選手が何人かいて、コーチが頭を悩ますのがふつうです。コーチが悩むくらいなので、選出から漏れた選手にしてみれば、「どうして自分が落とされなければならないのだ」という気持ちになるのもやむを得ません。

ですから、コーチがレギュラー選出の理由をあいまいにしたままきちんと説明しないと、落とされた選手だけでなく、チーム全員にわだかまりを残すことになってしまいます。

そうなることのないよう、コーチはたとえ自分の基準に自信がもてない場合でも、説明責任を果たす必要があります。コーチが一生懸命に説明する姿を目にすることで、選手たちはコーチを信頼するようになるのです。

「レギュラー選出の基準をあいまいにする」となぜダメなのか?

選出漏れの選手は納得できずチーム全体にも影響を及ぼす

国民的行事ともいえる野球、サッカーの日本代表や、オリンピックの代表を決める選考会などは、とくに世間の耳目を集めます。

学校のクラブにおいても、選手にとってみれば、レギュラーになれるかどうかはそれこそ死活問題です。事と次第によっては、クラブを辞めるという事態になりかねません。

こんな状況に置かれている選手たちが、レギュラー選出の理由を聞かされないとしたら、どうなるでしょうか。前述したとおり、落とされた選手は落胆し、やる気を失ってしまう恐れがあります。

なかには、レギュラーになった選手を逆恨みする者がでてきたり、コーチに対して不信感を抱く者がでてくる可能性もあります。このようなマイナスの要因は、あっという間にチーム全体を覆い、その活力を奪ってしまうのです。

こう改めよ！

選手たちが納得できるよう選出の理由を丁寧に説明する

できるコーチは、明確な評価基準をもっています。ですから、レギュラー選出のときも、選んだ理由を選手たちにきちんと説明することができます。

レギュラーになれなかった選手たちは、コーチの話を聞くことによって、自分に足りなかった点を認識できるため、それが今後の練習における努力目標になります。

一方、レギュラーに選出された選手たちは、ほかの選手に気兼ねすることなく、胸を張ってプレーすることができます。

もし万が一、コーチの話を聞いても納得できない選手がいたとしたら、その選手と一対一で話し合う場を設け、改めて懇切丁寧に選出の理由を説明するといいでしょう。

このように、選手が悩んでいたら積極的に声をかけて話を聞き、元気づけてあげることも、コーチの大切な役割の一つです。

現状のマイナス要素をぼやいてはいけない

自分がもつマイナスイメージを選手に植えつけてしまう

チーム全体の評価をする場合、チーム状態が悪いと、必要以上のマイナス評価をしたがるコーチがいます。客観的事実に基づいて、冷静な評価を下すならまだしも、なかには「あれもダメ、これもできない」とクドクドとぼやくコーチがいるので困りものです。

チームの調子がよくないことは、選手たち自身が肌身に感じているもので、そこに追い打ちをかけるように、コーチが嘆いてしまっては埒《らち》が明《あ》きません。また、このタイプは、チームの将来を語るときも、現状に縛られたまま「せいぜいできてもこの程度だな」と、選手たちにマイナスイメージを植えつけ、チームの可能性まで否定してしまいます。

コーチも人間ですから、ついグチめいた言葉を口にしたくなるのでしょうが、聞く側となる選手の身になって考えたうえで、言うべきことと言ってはいけないことを判断するようにすべきです。

チームが調子を落としているときこそ、選手の味方となり、その力になるのがコーチの役目です。そのためには、まず評価にあたって正確な現状分析を行い、マイナス要因を解明します。そして解決策を考えついたら、それを選手たちに伝え、進むべき方向を打ちだしていきます。できるコーチは、こうした姿勢を見せることでチームを引っ張っていくのです。

「現状のマイナス要素をぼやく」となぜダメなのか？

選手もチームもさらに悪い状況に陥ってしまう

スポーツの練習法の一つに、「イメージトレーニング」があります。これは、頭のなかで動いている自分の姿を思い描くことによって、技術や戦術の向上を図るものですが、人はイメージしたことを実現できる力をもっているのです。

ということは「逆もまた真なり」で、マイナスのイメージをもつと、実際に悪い方向へと進んで行ってしまいます。物事がうまく運んでいないときに、コーチが現状を悲観してぼやくと、選手たちの気持ちもどんどん落ち込んでいきます。ましてや、将来の可能性まで否定され、マイナスイメージを植えつけられてしまうと、モチベーションは急降下してしまいます。

できるコーチをめざすなら、ぼやくことなどもってのほか。落ち込んでいる選手たちを励まし、モチベーションの上がる話をしてあげなければなりません。

こう改めよ！

現状を踏まえつつ“将来”の希望について語る

チームが悪い状況にあるときは、決してネガティブな言葉を口にせず、反対に明るい将来のことを語るようにします。

この場合、たんに数字を並べたり、うわべだけの言葉を用いるのではなく、選手たちの心が湧き上がり、いつかは必ず実現したくなることを、具体的な映像が浮かんでくるように話すのです。

そのためには、コーチも前述したイメージトレーニングをしてみるといいでしょう。頭のなかで、現在の選手たちが成長し、目を見張るような活躍をしている姿を思い描きながら語るのです。

「やればできる」という言葉でも、眼前の落ち込んでいる選手たちに不満を感じながら発言するのと、活躍している姿をイメージしながら発言するのとでは、その伝わり方も違ってくるはずです。コーチ自身がその気になっていないと、選手たちもポジティブにはなれないのです。

チーム力を高める練習メニュー・その2

共通項は何だ！

●メニューのねらい

「共通項」をキーワードにチーム内の相互理解を深める

●メニューの設定

◎人数：全員　◎場所：どこでもよい　◎時間の目安：適宜

◎道具：とくに必要ない

●メニューの手順

①ペアをつくります（以下イラスト参照）。

②Aは自分と共通項のある人を選び（C）、それが何であるかを耳打ちします。

→共通項は、最寄り駅が同じ、出身中学が同じ、弟がいる、など何でもよい。

③Bはその共通項が何であるかを当てます。

④当たった場合はそこで終了。当たらなかった場合Aは正解を明かし、別の共通項をもつ人（D）を選びます。

⑤以下、Bが共通項を当てられるまで続けます。

⑥Aの番が終わったら、役割を交代してBが同様に行います。

⑦A・Bのペアが終了したら、別のペアに交替して同様に行い、共通項の多さを競います。

→詳しくは『チーム力を高める36の練習法』（高畑好秀著・小社刊）参照

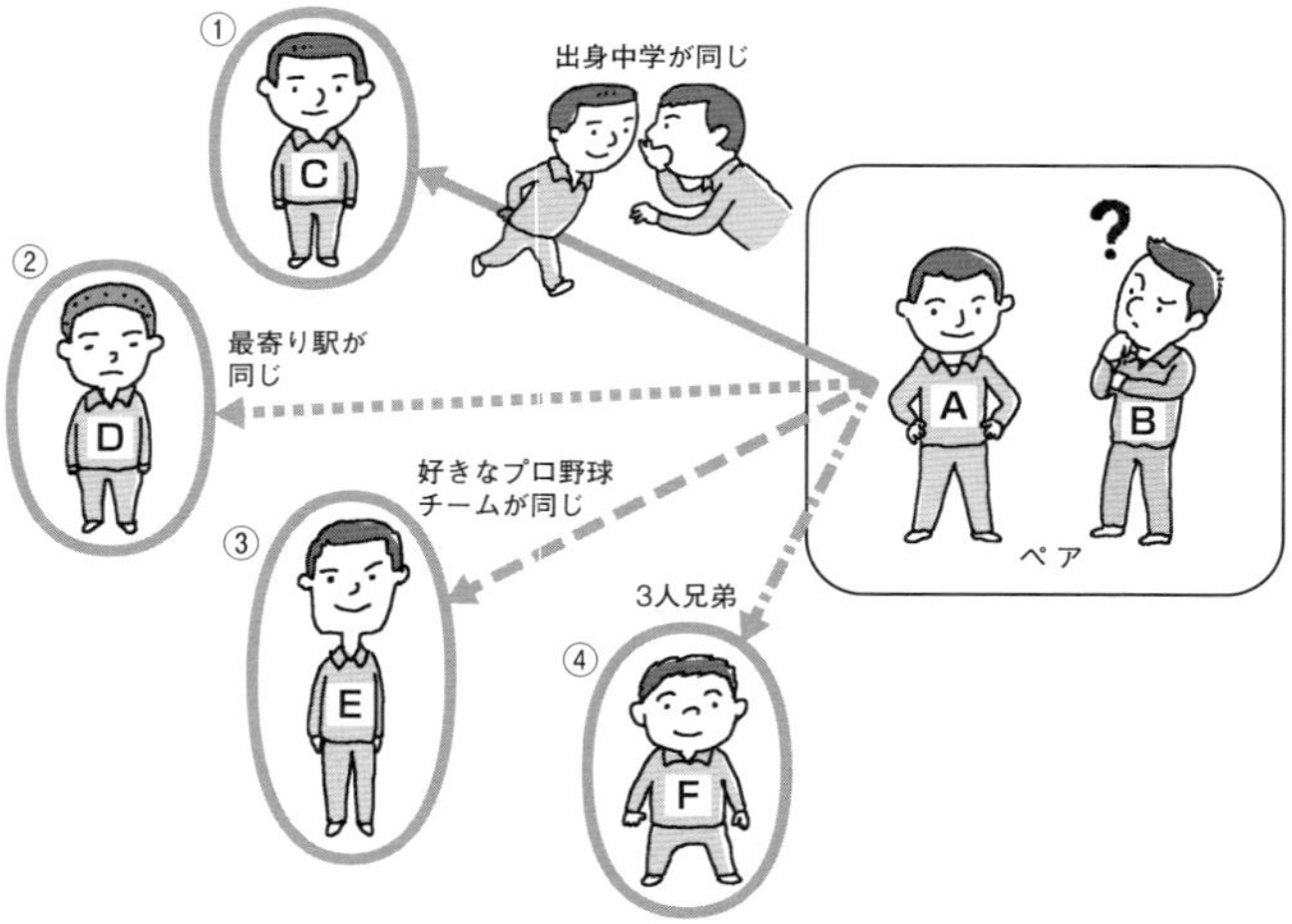

第3章

選手を指導する

You must not do it

⑲ 選手は自分に従うものと考えてはいけない
⑳「なぜできないのだ」と言ってはいけない
㉑「言い訳するな」をログセにしてはいけない
㉒ 一度に多くのことを指導してはいけない
㉓ ミスの分析を技術面からのみ行ってはいけない
㉔ 練習で選手のすべてを管理してはいけない
㉕ 選手に練習させることが目的になってはいけない
㉖ 独りよがりの練習を押しつけてはいけない

LESSON 19 You must not do it

選手は自分に従うものと考えてはいけない

選手の反応を見ずに自分の指導法を押しつける

自分の指導法に絶対の自信をもっていて、それを選手に押しつけようとするコーチがいます。このタイプは、現役時代に名選手だった人が多く、その成功体験が指導法の裏づけになっているのです。

ですから、「自分がやったとおりにすれば、お前たちもうまくなる」と信じ込み、選手の指導にあたっては、つい命令口調で話し、その態度も横柄で傲慢なものになってしまうのです。

しかし、選手のなかにはこのやり方に辟易《へきえき》している者もいて、コーチ本人は熱血指導しているつもりでも、空回りしている場合があります。人は押されれば引きたくなるし、引かれれば押したくなる習性をもっているので、コーチが押せば押すほど、選手の気持ちが離れていく場合もあるのです。

また、これはよく指摘されることですが、日本のスポーツ界では、監督やコーチが選手たちを指導しすぎる傾向にあります。指導者が何かにつけて指示をだしていたのでは、選手の自立性や独創性といったものがなかなか育ちません。

できるコーチをめざすなら、まず自分を見つめ直し、その指導法が独りよがりになっていないか、選手に威圧的な態度で接していないか、といったところを確認してもらいたいものです。

「選手は自分に従うものと考える」となぜダメなのか？

コーチの指導法に適さない選手がストレスを感じることになる

「十人十色」という言葉があるとおり、チームにはさまざまなタイプの選手がいます。にもかかわらず、コーチが自分の信じる指導法を一方的に押しつけたとしたら、選手たちはどんな反応を示すでしょうか。

もちろん、コーチの指導をすんなり受け入れることのできる選手もいますが、その一方で、自分には向いていないと感じる選手もいるはずです。

すると、その選手は違和感を感じながら練習に取り組むため、目立った成果を上げることはできません。そして、さらに強引な指導を受け続けると、そのうちコーチに対して嫌悪感すら覚えることになるでしょう。

そんな状況に陥らないためにも、コーチは自分の指導法が選手にどんな影響を与えているかをつねに気にかけ、その様子を観察する必要があるのです。

こう改めよ!

コーチは選手の実力を引きだすための存在だと認識する

できるコーチは、いつも選手に適した指導を心がけています。なぜなら、コーチとは、選手の力を引きだす手伝いをする存在だと認識しているからです。

たとえば、技術指導においては、「自分がどうすれば、この選手を上達させることができるか」ということを真っ先に考えます。つまり、コーチの考えを押しつけるのではなく、選手のレベルに合わせた指導を優先させるのです。

また、このようなコーチは、選手の人間性を尊重し、自分に謙虚であるため、選手に指導するときも、威圧的な態度を見せることはありません。これは、選手を育てるのではなく、選手が自ら育つのをサポートするという意識が働いているからです。

チームにさまざまな選手がいるように、コーチにもいろいろなタイプがいます。みなさんには、「自分がどんなコーチになったらよいか」をつねに考えるようにしてもらいたいものです。

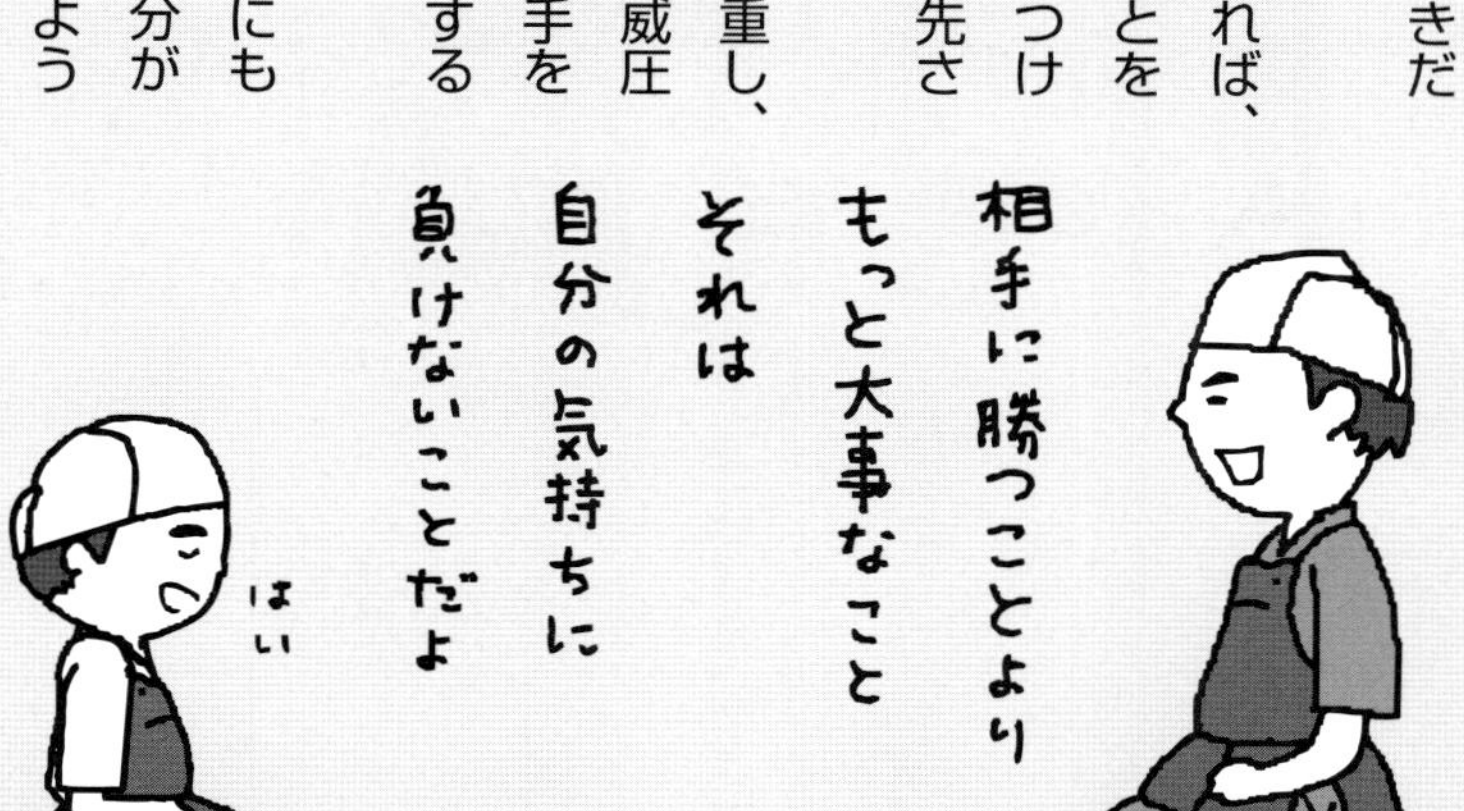
相手に勝つことより
もっと大事なこと
それは
自分の気持ちに
負けないことだよ
はい

「なぜできないのだ」と言ってはいけない

選手が「どうせ自分は……」という後ろ向きの姿勢になる

選手の指導にあたるとき、何かというと「なぜできないのだ」という言葉を口にするコーチがいます。本来ならば、選手に対してニュートラルに接する必要があるのですが、自分自身がマイナス思考に陥っているため、まず否定することから始めてしまうのです。

「できないこと」を前提にして選手を見ると、不思議なもので「できないこと」ばかりが目につくようになります。そして、コーチが「なぜできないのだ」と口グセのように選手に言っていると、コーチも選手も「できない」という負のスパイラルにはまっていきます。

コーチの「なぜ」という口グセによって、選手に諦めの気持ちが芽生えるようになり、そのうち「どうせ自分なんかにはできないのだ」という心理が働くようになるのです。

これでは、コーチは指導することによって選手を育てるのではなく、反対に、わざわざ成長できないように仕向けているといっても過言ではありません。まさに本末転倒もはなはだしい行為といえるでしょう。

できるコーチをめざすなら、ネガティブな発言はできるだけ控えるように心がけたいものです。少なくとも、選手に悪影響を及ばさないように配慮する必要があります。

「『なぜできないのだ』と言う」となぜダメなのか?

選手にマイナスの心理をもたらしチーム全体のパフォーマンスを下げる

試合などでは、選手はピンチを迎えると、失敗を恐れミスする可能性が高くなります。これは悪いことをイメージすると、本当にそうなってしまうという一例ですが、人間には感化されやすいという性質があります。

ですから、選手がコーチから事あるごとに「なぜできないのだ」と刷り込まれると、前述したとおり「どうせ自分にはできない」と後ろ向きの姿勢になってしまいます。このようなマイナスの心理で練習しても、決して成果を上げることはできません。

このようなコーチは、一人の選手だけでなく全員に同じことをしているわけですから、目も当てられません。すべての選手が消極的なチームを想像しただけで、思わずゾッとしてしまいます。コーチにとってはただの口グセかもしれませんが、選手には甚大な悪影響を及ぼすことになるのです。

こう改めよ!

「できるはず」という前提に立ってすべてに積極的に取り組む

できるコーチは、つねに前向きな意識をもっています。ですから、何らかの問題が起こったとき、それを解決するには「どうすればいいのか」と選手たちに語りかけます。

たとえば、あるプレーがうまくできたならさらに上達するための方法を、失敗したプレーならそのミスを繰り返さないための方法を、選手たちに積極的に考えさせるのです。

このようなコーチの下でプレーする選手は、反省の仕方も前向きになってきます。「自分は○○のプレーはうまくできるのだから、苦手なプレーも必ず上達するはずだ」「□□のプレーをミスしたけれど、次は失敗しないぞ」といった具合に、問題解決に向けて積極的な思考ができるようになります。

コーチがいつもポジティブな姿勢を示していれば、選手たちもそれに感化され、自ら成長していくことができるのです。

「言い訳するな」をログセにしてはいけない

選手がミスしたときは謝るのが当然と思っている

負け試合のあとのミーティングにおいて、選手の話にまったく耳を傾けようとしないコーチがいます。選手が何か発言しようとするとすぐに話をさえぎり、「でも……」と否定的な言葉を口にしようものなら、「何を言い訳している！」と頭ごなしに叱りつけます。

こんなコーチは、ふがいない試合内容に怒って感情的になっているか、はたまた自分の見解がすべて正しく、選手の意見など取るに足らないと思っているかのどちらかです。

なかでも、とくに問題のあるコーチは、選手に謝罪の言葉を求めるタイプです。選手がミスプレーした原因を認め、素直に謝るべきだと信じ込んでいるのです。

しかし、選手がミスプレーするたびに、「自分は○○がダメだから失敗しました。申し訳ありません」と言い続けたとしたらどうなるかは、ちょっと考えればわかるはずです。

できるコーチをめざすなら、選手に謝罪させることで指導した気になっているようでは困ります。まずは、選手の話をきちんと聞くことから始めたいものです。コーチと選手がしっかりと意思の疎通を図ることができなければ、お互いの信頼関係など築くことはできません。

「『言い訳するな』をログセにする」となぜダメなのか？

選手が発言する意欲を失いマイナスの自己暗示にかかる

コーチがミーティングの場において、選手の話を聞こうとしなければ、選手たちはそのうちに発言する意欲を失ってしまいます。そして、無力感を感じるとともにコーチへの不信感も芽生えてきます。

そのうえ、選手がミスするたびに、コーチから謝罪を強要されるのであれば、選手の心には「ミスしたことのみ」が強く刷り込まれることになり、マイナスの自己暗示にかかってしまいます。

これでは、選手がモチベーションをもって練習に取り組むことはできず、力を伸ばすこともできません。ダメなコーチは、選手の話を聞かないことが、じつは選手を追い込んでいることに気づかないのです。

みなさんも自分の行動を思い起こして、このようなことをしていないか、ぜひ自問自答してみてください。

こう改めよ!

選手の発言を聞いてから その真意を受け止める

できるコーチは、選手の発言を積極的に聞くように心がけています。なぜなら、それが拙《つたな》い言い訳だったとしても、その選手を知る手がかりになるからです。

もちろん、選手の言い訳は感心できませんが、ミスした自分に怒りを覚え「あのとき○○していたら失敗しなかったのに」という必死の叫びであるかもしれません。スポーツでは、"たられば"を口にするのは厳禁ですが、このように「自分は向上したい」という思いは評価できることもあるのです。

こんなときコーチは、発言している選手の口調や表情などから、たんなる言い訳なのか、それとも次のステップに向けて立ち向かっていこうとする発言かどうかを読み取る必要があります。

コーチがつねに選手を理解しようとするスタンスであれば、選手の発言を受け止めることができるはずです。そして、その発言内容を分析することが、選手を指導するときに役立つのです。

一度に多くのことを指導してはいけない

いいか
スピードのでる
フォームはこうだ
ひじは直角に曲げて
余分な力を入れない
手のひらはパーだ
肩甲骨を動かしながら
腕を前後に強くふって
それに合わせて足はふくらはぎじゃなくて
太ももを高く大きく回転させろ
その時 つま先からおりて地面を
強くふみこんでかかとでけるんだぞ
この動作を忘れるな そして
まっすぐゴールだけにらんで体は前傾気味に
……
コーチ。
全然わかりません

選手が混乱してしまい教えられたことを吸収できない

選手を指導するとき、一度に多くのことを教えたがるコーチがいます。「あれも説明しておきたい、これも身につけてもらいたい」と、つい欲張ってしまうのです。

たとえば、選手にカラダの上手な使い方を教えるとき、手、肘、体幹、足の動かし方をいっぺんに指示したらどうなるでしょう。想像するに、選手はたちまち混乱してしまい、頭のなかに何も残らなくなってしまうでしょう。

また、選手はコーチから教わったことを順次思い出しながら、カラダを動かして実践していきます。そのため、一気に「あれもこれも」と技術指導されると、一つの技術を実践してから次の技術を実践する、といった具合になり、一つひとつの技術との間にタイムラグが生じてしまいます。すると、この時間的なズレがフォームにも反映されることになるのです。

つまり、指導されたとおりにすると、フォームにズレが生じて動作がぎこちなくなってしまうのです。「手はこう動かして、肘はあのように動かす」などと頭で考えながらカラダ全体の使い方を直そうとしても、逆に全体のバランスを失うことになります。

コーチの「いろいろなことを教えたい」という気持ちはわかりますが、その思いを抑えて、効果的な指導を心がけたいものです。

「一度に多くのことを指導する」となぜダメなのか?

結果的に、選手の上達を遅らせることになる

聖徳太子は「10人の発言を同時に聞き分けられた」そうですが、ふつうの人がマネのできることではありません。

前述のとおり、選手はカラダの使い方を部位ごとに一度に教えられても対応できません。それどころか、いっぺんにさまざまなことを詰め込もうとするあまり、それまでに身につけた技術を忘れてしまう可能性もあります。

そもそもスポーツにおける動作は、「無意識のうちに自然にカラダが動く」ことを目標にしています。その一例として、人は何も意識せずに自然に歩くことができます。これは実際にやってみればわかりますが、手や足の動かし方を意識しだすと、歩き方がぎこちなくなってしまうのです。

コーチが一度に多くのことを教えたくなるのは、できるだけ早く選手を上達させたいという思いからでしょうが、その気持ちをコントロールして指導することが大切になります。

こう改めよ！

「どれか一つ」にポイントを絞って指導する

絶対に身につけさせたい技術は、あれもこれもと欲張らずに、1回ごとにポイントを決めて指導します。たとえば、「今日は集中的に手の動かし方だけを教える」と前置きし、手だけの練習を選手に課します。すると選手は、ポイントが1箇所しかないため、そこに全神経を集中させることができるのです。

この練習を日々続けていくと、そのうち手の動かし方が無意識にできるようになります。そして、その手の動作をコーチが見て、選手が習得できたと判断すれば、別の部位の動かし方を練習させます。

この繰り返しで、選手がすべての部位を無意識に動かすことができるようになったら、最後にまとめて行わせます。すると前述したフォームのズレは解消されているのです。

このように、コーチが技術を選手に習得させようとするなら、目標を絞って一つずつクリアさせていくほうが、最終的には上達が早くなるのです。

やってはいけない

LESSON 23 You must not do it

ミスの分析を技術面からのみ行ってはいけない

ミスの原因を探ろうとせず反復練習で克服しようとする

試合の最中、選手のミスプレーばかりに目がいってしまうコーチがいます。彼らは、試合後のミーティングにおいて、「どうしてミスするんだ！」とミスした選手を問い詰めます。

その理由は、コーチの選手に対する期待が大きすぎるため、選手が「いつもできているプレー」を失敗するのが許せないからです。

ここでポイントになるのが、「いつもできているプレーが、なぜあのとき（試合中）はできなかったのか」という視点です。この視点でコーチがミスプレーを分析することができれば、ミスした選手をすぐさま詰問するなどということはなくなるはずです。

元来、スポーツはミスが起こることを前提として争われるもので、敵味方とも相手のミスを突こうと狙っています。ですから、勝利を得るためにはミスを減らすことが大きなテーマとなるわけです。

ところが、こうしたコーチはミスした原因を探ろうとはせず、選手にミスプレーの反復練習をさせれば、それを防げると思っています。しかし、残念ながらこういった練習はほとんど無意味です。

できるコーチをめざすなら、まずミスプレーの分析を的確に行い、次にミスを防ぐための練習方法を考えることが必要となります。

「ミスの分析を技術面からのみ行う」となぜダメなのか?

ミスの原因がわからないまま「克服した」と勘違いしてしまう

選手がミスをしてコーチに叱られると、萎縮して本来のプレーができなくなり、やる気を失ってしまうことは、すでに[レッスン⑩]で指摘したとおりです。

ここでさらに問題となるのが、選手がコーチからミスプレーを繰り返し練習させられることです。

前述したとおり、ダメなコーチには「なぜできなかったのか」という視点が欠落しているため、選手に課す練習が的外れなものになっている可能性があります。

たとえば、仮にミスした原因が、試合状況が緊迫していたため、そのプレッシャーによるものだとすると、通常の状態で練習したとしても、あまり効果は上がりません。

なぜなら、ミスをした選手が、プレッシャーのかからない練習でそのプレーをできるようになったとしても、本番では役に立たないからです。

こう改めよ!

状況や心理面を意識して極力同じ状況設定で練習する

できるコーチは、ミスプレーの分析を行うとき、"試合状況"と"選手の心理面"を重視します。というのは、ミスの原因が選手の技術不足によるものなら、テクニカルな分析だけで済みますが、そのほかに原因がある場合は、それを探る必要があるからです。

スポーツの試合では、局面は刻々と変化します。すると選手の心理面も変化することになり、それがプレーに影響してミスを誘発するわけです。

つまり、ミスプレーの分析とは、「試合状況によって選手の心理はどう変わり、それがプレーにどう作用するのか」を考察することにほかなりません。

できるコーチは、こうした分析を細かく行い、さまざまな状況を設定したうえで、選手にミスを防ぐための練習をさせます。

すると選手たちは、つねに緊張感をもって練習に臨むことになり、試合で同じような局面を迎えたときに動じることがなくなるのです。

実力は上なのに
追いつかれそうになると
いつも
慌てふためいてる
感じだな…

やってはいけない

LESSON 24 *You must not do it*

練習で選手のすべてを管理してはいけない

君たちにまかせておくと
楽しんでばかりで
あまい!
今日からは
私のメニューに
のっとって
厳しいだけの
練習にします!

「選手は楽をしたがるもの」と考えて、自由を与えない

選手たちを徹底的に管理し、厳しく練習させることこそが指導者の役割だと信じているコーチがいます。これは「選手は基本的にサボりたがるもので、目を離すとすぐに手を抜いてしまう」と考えているからです。

なかには、技術や精神力が優れているだけでは評価せず、過酷な練習に耐え抜くことができなければレギュラーにしない、といった考え方のコーチもいまだに存在しているようです。

たしかに、人には楽をしたいという側面もあるので、ある程度の厳しさは必要になるかもしれませんが、度を越した指導には疑問を呈せざるを得ません。なぜなら、コーチが厳しくしすぎると、選手のモチベーションを下げ、その覇気を奪ってしまうことが多いからです。

学校スポーツの現場で、コーチの指示に呼応して、選手たちが一糸《いっし》乱れず整然と練習しているチームを目にすることがありますが、よく観察してみると個々の選手の表情はあまり晴れやかとはいえないことがあります。これなどは、その典型例といえるでしょう。

コーチは、選手をどこまで管理するのかを真剣に考える必要があります。難しいテーマではありますが、このさじ加減を上手に行うことができれば、名コーチと呼ばれるのもそう遠い日ではないかもしれません。

「練習で選手のすべてを管理する」と なぜダメなのか?

コーチを恐れるようになり心身が疲弊《ひへい》していく

コーチにがんじがらめに縛りつけられると、選手は身動きがとれなくなってしまいます。

コーチにしてみれば、選手を自分の管理下におき、あれこれ指図して自分の意のままに動かしたほうが効率がいいのかもしれません。しかし、それでは選手は何事も自分で考えないようになり、自主性が失われてしまいます。

また、コーチから厳しく指導されることで、選手には恐怖心が芽生え、コーチに叱られないために練習するという後ろ向きの姿勢が目立つようになり、次第に心身ともに疲れていきます。

選手を管理して厳しく指導することで、当初は力を伸ばすこともあるかもしれませんが、あくまでそれは一時的なものにすぎず、長い目で見ると選手の成長を妨げてしまうということを覚えておいてください。

こう改めよ！

適度な自由を与えて、自主的に練習させるようにする

できるコーチは、選手を指導するにあたり、なるべく管理しないようにします。なぜなら、もともと選手はスポーツが好きで始めたので、どんなことにも積極的に取り組むことができると考えているからです。

ですから、練習においても、コーチが管理して厳しい指導を行うのではなく、選手にある程度の自由を与え、自主的に行動させるようにします。こうすることで、選手のモチベーションは高まり、練習の成果も上がるようになるのです。

また、選手に練習を楽しませようと意図するコーチもいます。たとえば、バレーボールでアンダーハンドパスを二人組でやらせるとき、バスケットゴールにシュートするようにするなど、単純な練習にゲーム的要素を取り入れるのです。

できるコーチになるには、選手の自主性を尊重するのに加え、このように、選手が苦手な練習を魅力的に演出するプロデュース能力も求められるのです。

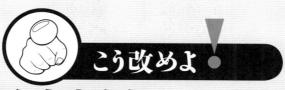

選手に練習させることが目的になってはいけない

練習の質を度外視して量を増やせば上達すると考える

「とにかく練習さえさせれば、成果は上がる」と信じているコーチがいます。練習前には、その日に行うメニューとその量ばかりを強調し、練習メニューを行う順番や回数、時間などを事細かに設定するコーチもいます。

練習プログラムを組むこと自体は悪いことではありませんが、ダメなコーチの場合は、練習の質よりも量にこだわり、「選手の力を伸ばすための練習」が、いつの間にか「選手に練習させるための練習」へとすり替わってしまうのです。

つまり、「どんな目的のために、何をどのように、どれだけ練習させるのか」というテーマのうち「どれだけ」ばかりを重視して、より多くの量をこなせば練習の成果が上がると考えているわけです。

しかし、コーチが選手に練習を課すうえで重要になるのは、「何をどのように」行わせるかにあります。ですから、コーチは練習の目的を選手にきちんと説明し、どのようにすればその目的をクリアできるか明確に指示する必要があります。

そのためには、個々の選手の力を把握したうえで、チーム全体の力を向上させるために有効なメニューを考案し、的確な方法と適切な量を勘案しながら、選手に練習させることが大切になってきます。

「選手に練習させることが目的になる」と なぜダメなのか?

練習の本来の目的を忘れて惰性に流れるようになる

コーチから多くの練習を課せられると、選手はどうなるでしょうか。はじめは何とかクリアしようと努力するでしょうが、それが毎日続くと、だんだんと嫌気がさしてきます。

ましてや目的がはっきりしない練習となると、与えられたことをただ消化すればいいという意識が働き、モチベーションをもって練習に取り組めなくなります。

これでは、練習そのものに意味がなくなってしまい、選手にしてみれば、単に肉体を酷使しているにすぎません。

こうした選手の「やる気の低下」を察知すると、練習メニューをころころ変えるコーチもいますが、このような行動をとるのは、コーチ自身が、選手に練習させる目的を見失っているからにほかなりません。

できるコーチをめざすなら、一度原点に立ち返り、練習の意味を自問自答することをおすすめします。

こう改めよ！

練習メニューの目的を伝え自主練習も取り入れる

選手に練習メニューの一つひとつの目的を伝えるとともに、どうすれば効率的に習得できるかを指示することはとても重要です。

たとえば、「この練習は○○の技術をマスターするために、肩の動かし方に注意しながらやってみよう」といった具合に、選手に意識してほしいポイントを伝え、さらにこの練習が、ほかのどのプレーと関連しているかなどの解説も加えます。

こうすることで、選手はそれぞれの練習メニューに対し、明確な目的意識をもつことができるようになり、次第に選手自身で練習について深く考えるようになります。

練習は、コーチから命令されて行うよりも、選手自らの"気づき"によって積極的に取り組んだほうが効果が上がるものです。できるコーチをめざすなら、ぜひ選手に「自主練習」の機会を与え、選手自ら創意工夫した練習をさせてみるといいでしょう。

独りよがりの練習を押しつけてはいけない

選手の調子を考慮せず決まった練習を繰り返す

選手のモチベーションが下がっていたり、肉体的な疲労が見受けられたりしても、いつもの練習を繰り返したがるコーチがいます。

なぜなら、このタイプは、選手のコンディションにあまり気を配らないことに加え、自分の決めた練習プログラムを絶対に崩したくないと考えているからです。

たしかに、練習は計画どおり進めるほうがいいでしょうし、選手の調子をいちいち気にしていられない場合もあるかもしれません。しかし、あくまで練習するのは選手ですから、選手たちの力を伸ばすことのできない練習など無意味であることを忘れてはなりません。

よい練習をするためには、個々の選手のやる気や体調、技術の上達具合といった現状を把握するだけでなく、チーム全体の状況も考慮する必要があります。たとえば、チームに元気がないようであるなら、体調を整えるトレーニングを多めにしたり、活気にあふれているようなら、高度な技術練習にトライさせるのもいいでしょう。

このように、決まった練習をだらだらと繰り返すのではなく、選手とチームの状態を俯瞰《ふかん》し、いま必要と思われる最適な練習を指示していくことが求められるのです。

「独りよがりの練習を押しつける」と なぜダメなのか?

選手に"マンネリ"を感じさせるようになる

選手のコンディションは、肉体的にも精神的にも日々変化します。そのどちらかでも疲れていると、練習をこなすことが困難になりますし、その反対に気分が乗っているときは、違った練習をしたいと思うこともあるはずです。

ところが、コーチがこのような選手の状況を察することなく、杓子定規《しゃくしじょうぎ》な練習を強いると、選手のカラダが悲鳴をあげたり、やる気をそぐことになってしまいます。

また、選手は同じような練習を繰り返していくと、マンネリに陥る恐れがあります。練習していても、次に何をやるのかがわかっているので、つい惰性に流されてしまうのはやむを得ないところです。

これでは、コーチの意向と選手の気持ちがかみ合わなくなり、効果的な練習ができなくなってしまうので、創意工夫が必要になります。

こう改めよ！

選手の現在の状況を受け止め臨機応変に対応する

練習において、上手にチェンジ・オブ・ペースを取り入れることはとても重要です。

たとえば、練習中に選手の様子を観察し、肉体的には疲れているように見えても、「まだ大丈夫。もう少しやりたい」と気力が充実していそうなら、その選手には練習を続けさせます。

逆に、肉体の疲労はあまり感じられないように見えても、「今日は精神的に厳しい」と弱気になっている選手には練習をストップさせるのです。

また、ふだんの練習がマンネリにならないように、ときにはイメージトレーニングを活用します。たとえば、メンタルリハーサルという方法では、対戦相手の情報をＶＴＲなどによって入手して、相手の長所と短所を把握し、試合前に予想できるさまざまな展開をイメージのなかで体験させるのです。

このように、選手の状況を受け止め、臨機応変に対応するのが、できるコーチの証《あかし》なのです。

ノルマあと２本…
きょうはなんだか調子でないな…
ハァハァ
今日はもう上がらせたほうがいいな

チーム力を高める練習メニュー・その3

ウソをついているのは誰だ

●メニューのねらい

相手のしぐさ、表情、性格などを考慮して判断を下す

●メニューの設定

◎人数：6人　◎場所：どこでもいい　◎時間の目安：30分　◎道具：とくに必要ない

●メニューの手順

①6人で1グループとします。

②1人と5人に分かれます。1人は探偵、5人は容疑者とします。

③5人で相談してテーマを決め、それを探偵に伝えます(イラスト1)。→テーマは「最近心に残ったとてもいいこと」など、自分に関わることにする。

④同じく5人で相談してウソをつく人(1人)と本当のことを言う人(4人)を決め、おのおのテーマに関する話を考えます。

⑤探偵は、容疑者5人が考えた話に3つの質問をします。第1の質問に5人が答え、次に第2の質問に5人が答える(イラスト2、3)という形で進めます。

⑥質問への答から、探偵は誰がウソをついているかを当てます(イラスト4)。

⑦同様にして、全員が探偵となるようにローテーションしていきます。

→詳しくは『チーム力を高める36の練習法』(高畑好秀著・小社刊)参照

第4章

選手を活かす

You must not do it

㉗ 集団プレーだけを重視してはいけない
㉘ 選手をコーチの型にはめようとしてはいけない
㉙ 選手からでてくる要望に惑わされてはいけない
㉚ キャプテン選びを安直にしてはいけない
㉛ 技術とメンタルのバランスを見誤ってはいけない
㉜ 試合前にネガティブな言葉を使ってはいけない
㉝ 試合を前に落ち着きを失ってはいけない

集団プレーだけを重視してはいけない

状況を無視して、型にはまったチームプレーのみを強要する

「集団を重視するか個人を重視するか」は、スポーツ界における永遠のテーマだといっても過言ではありません。日本では、集団重視がスタンダードになっていますが、これは体力で勝る欧米のチームに対して、集団の組織力で対抗するというところに活路を見出したからです。

この考え方は一定の成果を上げており、組織力は日本の長所であると誰もが理解しています。学生スポーツを中心とするアマチュアスポーツにおいても、この考え方は浸透していて、多くのコーチが集団重視の方針を打ちだしています。しかし、なかにはその本質的な意味を取り違えて杓子定規な対応に終始しているコーチがいます。

極端な例をあげるなら、サッカーやラグビーの試合で、ある選手が決められたディフェンスの型をくずしてボールを奪いに行ったり、パスを回さずに敵陣に突っ込んでいったりすることがあります。このとき、その理由も聞かずに即座にベンチに下げたりしますが、これはただ単に機械的で画一的な管理をしているにすぎません。

このようなことを続けていると、選手のなかには「自分たちはただの駒にすぎないのか」という不満がでてくるようになり、重視していたはずのチーム力が壊れてしまうことになります。

「集団プレーだけを重視する」となぜダメなのか?

選手の個性を奪いモチベーションを低下させる

行きすぎた集団重視は選手を萎縮させるだけでなく、チーム全体のモチベーションを低下させてしまいます。

指示に従わなかった選手をベンチに下げる例をあげましたが、この場合、なぜボールを奪いに行ったのか、なぜパスを回そうとしなかったのかを聞く必要があります。というのは、そこには当事者にしかわからない状況や事情があったかもしれないからです。

それを頭ごなしに「ダメだ、レギュラー失格」と言われてしまったら、「状況に応じて自分なりに考えてはいけないのか」「自分でなく誰がプレーしても同じということなのか」ということになってしまいます。

行動のみを見て単純に判断するのでなく、「なぜその行動をしたのか」をきちんと聞く姿勢は、集団を重視すると同時に個人も大切にすることにつながります。

こう改めよ!

集団とともに"個性を伸ばす"という視点もあわせもつ

前述したとおり、日本に浸透している集団重視の考え方は一定の成果を上げていますが、あるレベルまで達すると"個の力"が必要になってきます。それは、サッカーやラグビーの日本代表チームの試合を見ていれば明らかです。

重要なのは、集団重視の方針をベースにしつつ、いかにして個の力をミックスしてチーム力を上げていくかということです。

これはとても難しいテーマですが、たとえばヨーロッパのあるサッカークラブのジュニアチームでは、管理して集団としての練習をさせることでテクニックは向上するものの、よい意味でのわがままなストライカーが育たないというジレンマを打破するために、個性を伸ばす特別な練習メニューを考案し、実践しているそうです。

できるコーチをめざすなら、「集団とともに個の力も伸ばす」ということを体現していきたいものです。

選手をコーチの型にはめようとしてはいけない

選手をコントロールしているのは自分だと信じている

チームをつくるうえで、コーチが「攻撃力のあるチームをつくりたい」「守り勝つチームにしたい」などのビジョンをもつことは必要です。しかし、それを実現したいがために、選手一人ひとりの特徴を無視して、すべてをコーチがイメージする型にはめ込もうとしたら問題です。

一概にはいえませんが、このタイプにはかつて自分が一流選手として活躍していた人が多く、自分が主役であるという意識を拭い去れずにいます。彼らは、自分が選手のすべてをコントロールしていると思い込んでいて、いわば盤上で将棋の駒を動かしているかのような感覚をもっています。

そのため、選手が自分の思いどおりのプレーをしない場合や、できなかったときにはものすごい剣幕で怒ります。そして、試合に負けたら自分の指示どおりに動かなかった選手の責任、勝ったら作戦を考え、指導した自分の功績という態度を露骨に示します。

選手は、たとえどんなに苦しい練習であっても、コーチのことを信じていれば耐えることができます。それは「厳しい態度をとっていたとしても、自分たちのことを真剣に思ってくれている」ということが伝わっているからです。「あくまでも自分が主役、選手たちは駒」と考えているコーチを信頼する選手はただの一人もいないでしょう。

「選手をコーチの型にはめようとする」となぜダメなのか？

"自分が主役"のコーチからは選手の心が離れていく

みなさんの回りには、「いつでも自分が中心でないと気がすまない」という人はいませんか。誰よりも自分が大好きで、他人のことなど考えもしない人です。

仮にその人がある種の力をもっている場合、回りの人は必要最低限の付き合いはするものの、本音としては「できることならこの人とは関わりをもちたくない」と思っていることでしょう。

これはコーチに対してもまったく同じです。自分が取り組んでいるスポーツが好きであれば、選手とコーチという関係上従わざるを得ないと思いつつ、心のなかでは全然信用していません。

選手のうちの一人、二人ならともかく、全員がそういう気持ちでいるとしたら、そのチームが本当の意味で強くなることはあり得ないといえます。

こう改めよ！

コーチ本来の役割についてもう一度考え直してみる

仕事の関係上いろいろなタイプのチームを見てきましたが、私の考えでは、コーチがプレーや性格を含めて選手個々の特徴をつかんだうえで、適材適所に配することができているのがよいチームであり、強さをもっているように感じられます。

これは理想論ともいえるもので、実現するのは大変ですが、それこそがコーチの醍醐味であり、最大の役割でもあります。みなさんには、ぜひ挑戦してほしいと思います。

実際、どんなチームであっても、さまざまな特徴をもった選手が集まっているものです。体は小さいけれど足が抜群に速くて敏捷《びんしょう》な選手、動きは鈍いけれどパワーなら誰にも負けない選手……。

コーチが自分の役目をきちんと自覚し、選手それぞれの特徴を組み合わせて一つのチームがつくりあげられたとき、〝選手が主役の強いチーム〟ができたといえるでしょう。

LESSON 29

You must not do it

やってはいけない

選手からでてくる要望に惑わされてはいけない

選手の要望を必要以上に聞き入れて、混乱してしまう

選手たちは、「○○したい」「□□してほしい」という要望をすることがあります。たとえば、「全体練習の時間を減らしたい」「ランニング系の練習メニューを少なくしてほしい」などです。

要望がでたからには、それを受け入れるかどうかを決めなければなりませんが、次のようなタイプは、どんな意見でも聞いてしまう傾向があるので注意が必要です。

◎誰にでもいい顔をしたいコーチ
◎「選手の意見を聞く」ということの意味を取り違えているコーチ
◎選手の言うことがいちいち気になるコーチ

自分の要望を訴える選手に対して、「よし、わかった。思ったようにやってみろ」とか「その意見を取り入れて、今度の練習から実行してみよう」と答えることができれば、コーチ自身の気持ちはいいかもしれませんが、「○○したい」「□□してほしい」という要望には、練習のあり方やチームのことを真剣に考えたものもあれば、たんに個人の欲求からでてきたものもあります。

これらをごちゃまぜにして、すべての要望を受け入れていると、コーチが混乱するだけでなく、チーム全体に悪影響を及ぼすようになります。一度そのような状態になると、修正するのが大変なので要注意です。

「選手からでてくる要望に惑わされる」と なぜダメなのか？

収拾がつかなくなりチーム運営にも影響する

人間とは面白いもので、もしA君の要望が受け入れられたとなると、次はB君、その次はC君……と、次から次へと要望がだされるようになります。それらをすべて聞いていたら、場合によってはチーム全員の要望を受け入れなければならなくなります。

もちろん、その要望がチームや選手のことを考え、よい方向に進めようとするものであれば何も問題はないのですが、それがただの個人レベルのものである場合には、たんなるわがままにすぎないので、やがて収拾がつかなくなります。

選手のなかには、一度自分の要望がとおってしまうと、味をしめてさらに自己中心的な要望をする人もいます。そんなことがチームのあちこちで頻繁に起こるようになると、選手のなかにも不満が蔓延《まんえん》するようになり、チーム運営にも支障をきたしかねません。

こう改めよ！

要望を受け入れるかどうかの基準をはっきりする

選手にさまざまな要望や要求があるのは当然ですが、できるコーチは、それらを採用するかどうかの基準をはっきりさせています。

前述した「全体練習の時間を減らしたい」という要望の場合、その理由が「減らす分を自主練習で補いたい」ということであれば受け入れてもいいでしょう。

反対に理由があいまいで、「ただ練習がきついからではないか」と思われるようであれば却下です。これらは可否の基準をはっきりさせたうえで選手と話し合うようにすれば、自ずと判断できるでしょう。

基本的には、そのときのチーム状況を踏まえたうえで、要望がチーム全体のことを考えたものなのか、個人の欲求レベルのものなのかを基準にします。

なお、選手からだされる「○○すべきだ」「□□しなければならない」という意見については、チームのことを真剣に考えた結果である場合が多いので、検討する価値があると思います。

キャプテン選びを安直にしてはいけない

コーチの都合だけで、安易にキャプテンを決めてしまう

いうまでもなくキャプテンはチームの要です。選手たちの精神的な柱であり、まとめ役であり、チームの舵取り役であると同時に、ときには縁の下の力もちの役割を果たす存在でもあります。

その重要なポジションであるキャプテンを、安易に決めてしまうダメなコーチがいます。よくあるのが、エースで4番だから、エースストライカーだからという理由でキャプテンにするケースですが、これは技術の高い選手を中心に据えればチームはまとまるという考えによります。

次によく見られるのが、チーム内である種の力を発揮する、ボス的存在にある選手をキャプテンにするケースです。極端な例では、親が地域の実力者だから、腕力が強いからなど、スポーツに関係ない場合もあります。

もう一つが、コーチに従順ないわゆるお気に入りをキャプテンにするケースで、自分と選手たちのパイプ役として使いやすい選手を選びます。

いずれの場合も、キャプテンに選ばれた選手にはある種の力がある（あるように見える）ため、他の選手たちもよほどのことがない限りつかず離れずの接し方をしていますが、チームが一つにまとまって成長していくことができるかどうかは、彼らが本来の意味のキャプテンとして精神的支柱になり得るかどうかにかかっています。

「キャプテン選びを安直にする」となぜダメなのか?

中心がしっかりしていなければチームはまとまらない

前述した3タイプのキャプテンには、一つの共通点があります。それは、いずれも「コーチにとって都合がよく、やりやすい選手を選んでいる」ということです。

技術の高いチーム内の実力者、ボス的存在、コーチのお気に入りという要素は、選手たちにとって一定の〝存在感〟をもつもので、心では「この人はキャプテンとして適任だろうか」と疑問に思っていたとしても、長い物には巻かれろ式に接するようになります。

もちろん、彼らにキャプテンとしての資質が備わっていれば問題はないのですが、コーチが選ぶ段階でそのことを最重要ポイントとは考えていないため、可能性は低いと言わざるを得ません。

キャプテンとして最適でない人が舵取りをしているのですから、チームの行く先が思いやられます。

こう改めよ！

キャプテンとしての資質を備えているかどうかで選ぶ

先日、大学ラグビーの中継を見ていたところ、アナウンサーがこんなことを言っていました。「K大学ラグビー部では、キャプテンを新4年生の投票で選ぶのですが、25人全員がA君の名前を書いたそうです」。25人が投票して全員が一人の名前を記すということは、みんなが「キャプテンはあいつしかいない」と考えていたということです。

おそらく選ばれた彼は、人間性、統率力、精神力、判断力、決断力、実行力、熱意、明るさなど、キャプテンとして必要とされる資質のほとんどをもち合わせているのでしょう。

みなさんは、これを参考にぜひ一度キャプテンの条件について真剣に考えてみてください。

高校野球の甲子園大会で、よくベンチにいる補欠のキャプテンが映しだされることがありますが、レギュラーであること、技術が高いことは、決してキャプテンの第一条件ではないのです。

LESSON 31 You must not do it

やってはいけない

技術とメンタルのバランスを見誤ってはいけない

技術の高い選手を集めても勝てるとは限らない

試合で使う選手を選ぶ際、"技術"を重視しすぎるコーチがいます。コーチは、試合展開を考える場合、ケースごとにさまざまな選手を頭のなかで動かしながら作戦を練りますが、このとき思い浮かべる選手の選択基準が技術の側に偏ることが多いのです。

スポーツでは、戦前の予想で圧倒的有利だったのに負けてしまうということがあります。また、大きな大会で自分の実力を半分もだせずに敗退することもあります。これらの敗戦の主な要因として、メンタルの弱さが指摘されることが間々あります。

選手には、非常に高い技術をもっているのに、試合になるとその実力を発揮できないタイプと、技術はそれほどでもないけれど、本番になると力以上のものをだして勝利に貢献する"意外性のある"タイプがいます。

後者がいわゆる「メンタルの強い選手」ですが、試合において重要なのは、チームとして(個人の場合であっても)技術とメンタルのバランスがとれているということです。

ふだんの練習のときから、選手の技術はもちろん、メンタルにどのような特徴があるのかも観察して、技術と心のバランスがとれたチーム編成を意識することが重要です。

「技術とメンタルのバランスを見誤る」となぜダメなのか?

大事なところで"勝ちきれない"チームになりかねない

個人スポーツ、チームスポーツを問わず、「練習試合ではすごい強さを見せるのに、大会本番になるとそうでもない」という意味の言葉を耳にすることがあります。

チームスポーツの場合、前評判の高いチームが負けるパターンは、

①時間の経過に伴って試合展開が劣勢になってくる
②「こんなはずはない」「自分たちの力はこんなものではない」という焦りが一人ひとりの心に広がる
③それが強くなると技術にも影響を与えるようになる
④そのことがさらにメンタルに作用して、どんどん深みにはまっていく

というものです。

このような悪循環に陥らないようにするためにも、メンタルの強い選手の起用法を考えておく必要があります。

こう改めよ！

練習によって、技術とともにメンタルも強化する

個人のメンタルを強化するための方法はたくさんあり、多くの書籍や拙著『勝負を決する！ スポーツ心理の法則』（小社刊）でも紹介していますが、キーワードとしてはイメージトレーニング、コンセントレーション、プラス思考、自信、リラックス、気持ちの切り換え、自己暗示などがあげられます。

一方、日頃の全体練習でメンタル強化を図るためには、つねに本番を意識することがポイントになります。

練習メニューとしては、試合形式を取り入れたり、わずかなリードを守り切って勝つための精神力を身につけるために、ある状況設定をして紅白戦を行うなど、「勝つこと」を強く意識したぎりぎりの心理状態を演出します。

たとえば野球であれば、1点差の9回裏、ワンアウト満塁という状況設定で紅白戦を行えば、攻撃側、守備側とも心理的にかなり追い込まれた緊迫した場面でプレーすることになり、効果的な練習になります。

やってはいけない

LESSON 32 You must not do it

試合前にネガティブな言葉を使ってはいけない

緊張状態にあるときはマイナスの言葉に反応しやすい

コーチといえども、試合が近づくと不安になることがありますが、重要なのは、その不安を選手に伝染させないことです。

いちばん気をつけなければならないのが"言葉"です。本番を数日後に控えた練習で、選手に向かって「そんなことでは今度の試合は勝てないぞ」とか「いまのようなミスをしていたら間違いなく負けるぞ」と繰り返し言ったとしたらどうでしょうか。

ふだんの練習ではあまり気にならなかったミスプレーでも、本番を前に「ミスをしたら負ける」と強く言われると、「ミス＝負け」という回路ができあってしまい、必要以上に考え込むようになります。

選手は、コーチにも増してナーバスになっています。その状態で「負ける」「弱い」「ミスする」「失敗する」などの言葉を浴びせられると、たんに気が滅入るだけでなく、これらの後ろ向きの言葉が脳裏に焼きついて、マイナスの強い暗示効果がもたらされることになります。

「いまのままでは勝てない」「ミスは致命的」などのネガティブな言葉を意図的に用いて選手をプラスの方向に導くことができるならいいのですが、自分が抱く不安感を振り払うために、マイナスの言葉を半ば無意識的に使ってしまう場合があるということを覚えておいてください。

「試合前にネガティブな言葉を使う」となぜダメなのか?

コーチの抱いている不安がそのまま選手に伝染する

ふだんでも、選手はコーチの発言や態度に極めてダイレクトに反応するものです。「なぜコーチはこんなことを言うのか」「いま、どんな精神状態で話しているのか」を感じ取ろうとします。

とくに試合を控えた状態ではより敏感になるので、仮にコーチが自分自身の不安を払拭《ふっしょく》するためにネガティブな発言をしているとしたら、その心理はストレートに選手に伝わります。そして、そのことによって選手の不安はさらに増幅されていきます。

選手はコーチに対して、つねに冷静であり、精神的に頼れる存在であってほしいと願っています。選手が望むこのコーチ像と、不安をそのまま露《あら》わにしてしまう自分とのギャップが、選手にどのような影響を与えるかについて考えてみてください。

こう改めよ！

意識して「勝つ」「成功する」というポジティブな言葉を使う

前述したとおり、本番を控えた選手はナーバスになっているため、コーチの言葉がふだんよりも心に残りやすくなっています。できるコーチはそのことを理解しているので、意識的にポジティブな言葉を使って、プラスの暗示効果をもたらすようにしています。

たとえば、「試合に勝つためには○○を□□しよう」「勝利のポイントは△△にある」など、つねに前向きな発言を意識し、プレー上の注意を促す場合でも、「成功させるために○○に気をつけよう」というようにネガティブな言葉は用いないのです。

不安に思っていることは、つい口をついてでてしまうものなので、それらを書きだしたうえですべてポジティブな表現に変えて選手に伝えるといいでしょう。

また、前向きな言葉を用いるときには「勝つだろう」「勝ちたい」「勝てると思う」などの希望的な言い方でなく、「勝つ」「勝った」という断定的な言い方をするとより効果的です。

ネガティブ表現
なんでできないんだ！
負けたらおわりだぞ！
キンチョーしてるな
相手におされるなよ！
ポジティブ表現
どこまでできた？
思い切りやって一番のゲームにしよう！
このゲームにかける気持ちが出てる
自分たちのスタイルで暴れてこい！

試合を前に落ち着きを失ってはいけない

不安や迷いから、意味のない行動やムダなしぐさが多くなる

試合を前にしたコーチの頭のなかには、作戦や選手起用、試合展開の予測など、多くのことが渦巻いています。本番が近づくにつれて緊張が高まり、不安や迷いが広がっていきますが、［レッスン㉜］でも述べたとおり、できるコーチとダメなコーチの差は、試合直前の態度に顕著に現われます。

みなさんも目にしたことがあるかもしれませんが、ダメなコーチは目に見えて落ち着きがなくなります。

試合直前にもかかわらず、

◎前日確認済みの細かい注意点について、くどくどと話を続ける

◎肩に手を回す、握手をするなど、ふだんしないような動作をする

◎天を仰いだり、首をぐるぐる回すなど、意味のないしぐさを繰り返す

などのように、誰が見ても「落ち着きがない」と感じる行動をとります。

これらのしぐさを見て、選手たちが「今日のコーチは何かヘンだな。相手が強いだけに少し緊張しているのだろう。その分自分たちがしっかりしなければ」と思ってくれたらいいのですが、そこまで鍛えられた選手はそれほど多くないでしょう。

実際に試合をするのは選手ですが、彼らに指示をださなければならないコーチは、それ以上に冷静でなければなりません。

「試合を前に落ち着きを失う」となぜダメなのか？

選手に不安が伝染するだけでなく「信用されていない」と思わせてしまう

あなた自身が選手であると想像してみてください。

これから試合が始まるというとき、ベンチにいるコーチを見たところ、腕組みをしたまま貧乏ゆすりをしていたと思ったら、回りに聞こえるほど大きなため息……。その後、キャプテンを呼んで何かくどくどと言っています。そんなコーチを見て、あなたは何を感じるでしょうか。

〝落ち着きのない行為〟については前述しましたが、これらは試合に対する不安や迷いが反映されたものです。これらの行為は、不安だというコーチの心をそのまま選手に伝染させるだけでなく、あまりに長々と細かい注意を受けていると「自分はまったく信用されていないのではないか」という思いを選手に抱かせてしまいます。

本番を前にナーバスになっている選手にとって、この疑心は相当こたえます。

こう改めよ!

使うと決めた選手を信用して、すべてを任せる

私の知り合いに、試合のときの態度がじつに見事なコーチがいます。

◎試合前のアドバイスは、ポイントを絞って簡潔に伝える

◎選手を送りだすときは、しっかりと目を見ながら「さあっ、いくぞっ」と言って肩をポンとたたく

◎選手がミスをしてもあわてた様子を見せず、黙ってうなずく

など、自分が選手だったら間違いなく安心感が得られるだろうと思われる態度をとっています。

日頃から感心していた彼の行動について、あるとき私が「意識して冷静な態度をとり続けるのも大変でしょう」と質問しました。

すると彼は、涼しい顔をしてこう言いました。

「最初は演技している部分もありましたが、最近は選手のことを心から信頼しているので、あれこれ考えなくても自然にああいった行動になります」

お前たちの力なら
必ず勝てる!

チーム力を高める練習メニュー・その4

加減乗除ゲーム

●メニューのねらい

変化する状況のなかで的確に判断し行動する

●メニューの設定

◎人数：全員　◎場所：体育館・グラウンド　◎時間の目安：3〜5分

◎道具：ゼッケン（なければ手作りのものでよい）

●メニューの手順

①全員に1人1つずつ1桁の数字を割り振り、ゼッケンをつけます。→1から順に割り振っていき、9までいったら1に戻る（イラスト1）。

②コーチが10から50までのなかから1つの数字を選び、みんなに告げます（イラスト2）。

③＋−×÷を自由に使って、言われた数字を導きだせるグループを作ります。→例えば「24」であれば、3×8、4×6、2×9＋6、2×3×4、3×6＋2＋4、2＋3＋4＋4＋5＋6（4が2人いる場合）のどれでも正解（イラスト3）。

④できたグループから順に座ります。

⑤残っている人（立っている人）は、そのなかで課題の数字を作ります。

⑥終わったら答え合わせをします。→どんな計算式かグループごとに発表する。

→詳しくは『チーム力を高める36の練習法』（高畑好秀著・小社刊）参照

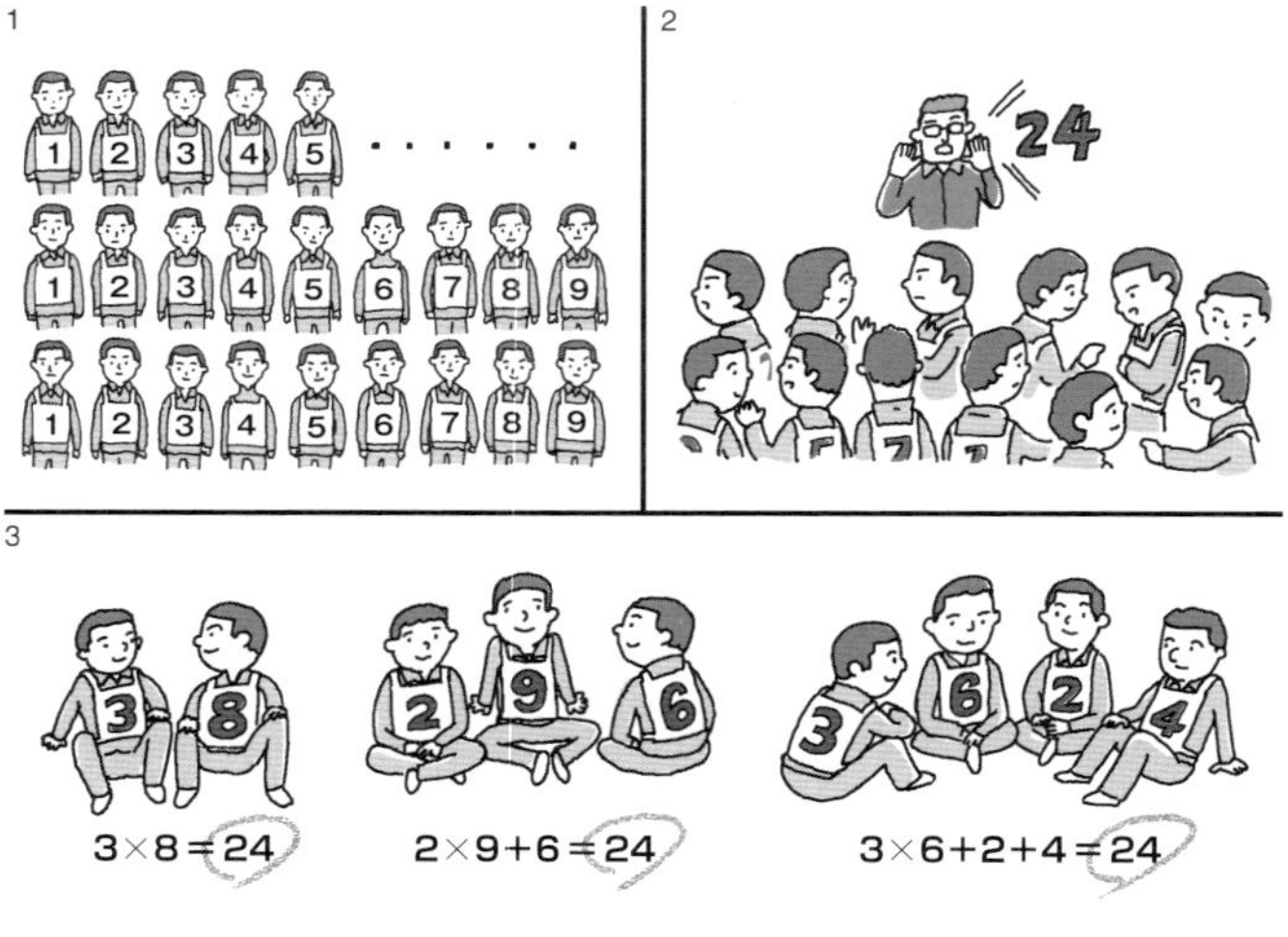

チーム力を高める 36 の練習法

本番で全員が実力を出しきるための組織づくり

〝チーム力をアップさせる〟ためのユニークなオリジナル練習法を写真とイラストでわかりやすく紹介！　楽しみながら、必要なスキルを身につけてください。

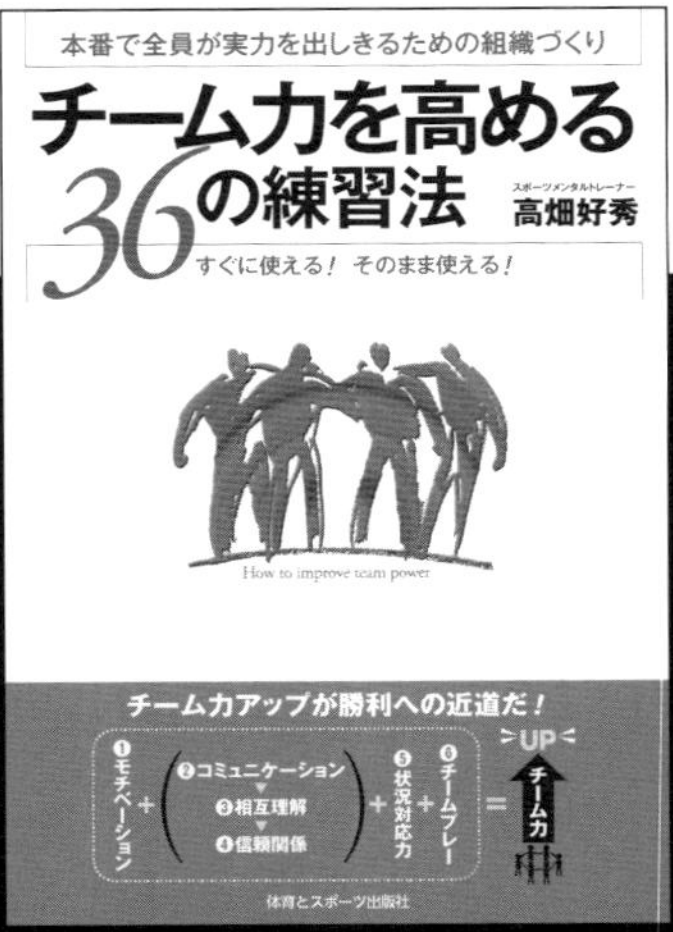

スポーツメンタルトレーナー
高畑好秀 著
Ａ5判･152頁･1600円（税別）

〈本書の特徴〉

❶すぐに使える！　そのまま使える！　アイデア練習法を紹介

❷「メニューの設定」「メニューのねらい」「メニューの手順」「メニューの解説」でやり方を丁寧に説明

❸「Point & Advice」でポイントと応用法をズバリ指摘！

チームカアップに ! 必要なこと ➡

① モチベーションを高める
② コミュニケーション力をつける
③ 相互理解を深める
④ 信頼関係を築く
⑤ 状況対応力を磨く
⑥ チームプレーを意識する

■著者プロフィール

高畑好秀（たかはたよしひで）

1968年、広島県生まれ。早稲田大学人間科学部スポーツ科学科スポーツ心理学専攻卒。日本心理学会認定心理士。同大学運動心理学研究生修了の後、数多くのプロ野球、Jリーグ、Vリーグ、プロボクシング、プロゴルファーなどのスポーツ選手やオリンピック選手などのメンタルトレーニングの指導を行う。現在、千葉ロッテマリーンズ、日立製作所野球部のメンタルコーチ。日本コンディショニング＆アスレチック協会公認スポーツ心理学講師、NPO法人コーチズのスポーツ医科学チームリーダー、スポーツ総合サイトチームMAPSのスポーツ医科学チームリーダーを務める。スポーツメンタル、ビジネスメンタルに関する著書多数。また、テレビやラジオ、さまざまな雑誌、講演（企業、オリンピック協会、各種の競技連盟、高校野球連盟、各県の体育協会など）を通してメンタルトレーニングの普及に努めている。

◉制作スタッフ

◎企画・編集　美研クリエイティブセンター（Bcc）
◎編集協力　小口透
◎カバー・本文デザイン　里村万寿夫
◎カバー・本文イラスト　糸永浩之

やってはいけない！　コーチング

2015年2月27日　初版第1刷発行

著　者　高畑好秀
発行人　橋本雄一
発行所　株式会社体育とスポーツ出版社
〒101-0054　東京都千代田区神田錦町1-13宝栄錦町ビル3F
ＴＥＬ　03-3291-0911（代表）
ＦＡＸ　03-3293-7750
http://www.taiiku-sports.co.jp
印刷所　美研プリンティング株式会社

乱丁・落丁はお取り替えいたします。
定価はカバーに表示してあります。
ISBN978-4-88458-266-1　C3075
Printed in Japan